Los van de chaos

# Los van de chaos

## Cognitieve en gedragstherapie bij volwassenen met AD(H)D

## Cliëntenwerkboek

drs. Sanne E. Vink

serieredactie
dr. Marijda Fournier
dr. Willemijn Scholten

Houten 2021

ISBN 978-90-368-2478-1

© Bohn Stafleu van Loghum is een imprint van Springer Media B.V., onderdeel van Springer Nature 2021
Alle rechten voorbehouden. Niets uit deze uitgave mag worden verveelvoudigd, opgeslagen in een geautomatiseerd gegevensbestand, of openbaar gemaakt, in enige vorm of op enige wijze, hetzij elektronisch, mechanisch, door fotokopieën of opnamen, hetzij op enige andere manier, zonder voorafgaande schriftelijke toestemming van de uitgever.

Voor zover het maken van kopieën uit deze uitgave is toegestaan op grond van artikel 16b Auteurswet j° het Besluit van 20 juni 1974, Stb. 351, zoals gewijzigd bij het Besluit van 23 augustus 1985, Stb. 471 en artikel 17 Auteurswet, dient men de daarvoor wettelijk verschuldigde vergoedingen te voldoen aan de Stichting Reprorecht (Postbus 3060, 2130 KB Hoofddorp). Voor het overnemen van (een) gedeelte(n) uit deze uitgave in bloemlezingen, readers en andere compilatiewerken (artikel 16 Auteurswet) dient men zich tot de uitgever te wenden.

Samensteller(s) en uitgever zijn zich volledig bewust van hun taak een betrouwbare uitgave te verzorgen. Niettemin kunnen zij geen aansprakelijkheid aanvaarden voor drukfouten en andere onjuistheden die eventueel in deze uitgave voorkomen.

NUR 777
Basisontwerp omslag: Studio Bassa, Culemborg
Automatische opmaak: Pre Press Media Groep, Leerdam

Bohn Stafleu van Loghum
Walmolen 1
Postbus 246
3990 GA Houten

www.bsl.nl

# Inhoud

| | |
|---|---|
| **Inleiding** | 7 |
| **Hoe dit boek te gebruiken** | 9 |
| | |
| **Sessie 1. Uitleg ADHD-model en kernsymptomen van ADHD** | 11 |
| Bijlage 1.1. Overzicht uitingen kernsymptomen van ADHD | 16 |
| Bijlage 1.2. Het informatieverwerkingsproces bij mensen zonder ADHD | 18 |
| Bijlage 1.3. Het uitgetekende ADHD-model door de therapeut | 19 |
| Bijlage 1.4. Het uitgetekende ADHD-model | 20 |
| | |
| **Sessie 2. Extra symptomen bij ADHD** | 21 |
| Bijlage 2.1. Om te lezen: Je weet dat je ADHD hebt als … | 26 |
| Bijlage 2.2. Overzicht adviezen rondom de slaaphygiëne | 28 |
| Bijlage 2.3. Overzicht interne prikkels | 30 |
| | |
| **Sessie 3. Creëren van een prikkelindicator** | 31 |
| Bijlage 3.1. Overzicht van signalen van overprikkeling | 36 |
| Bijlage 3.2. Format prikkelindicator | 38 |
| Bijlage 3.3. Voorbeeld prikkelindicator | 39 |
| | |
| **Sessie 4. Verminderen van prikkels en overprikkeling** | 41 |
| Bijlage 4.1. Mogelijkheden om prikkels te verminderen | 46 |
| Bijlage 4.2. Verminderen van overprikkeling / leren ontspannen | 49 |
| Bijlage 4.3. Voorbeeld uitgebreide prikkelindicator | 50 |
| | |
| **Sessie 5. Invloed van gedachten op gedrag** | 51 |
| Bijlage 5.1. Veelvoorkomende disfunctionele gedachten rondom gedragsverandering | 56 |
| Bijlage 5.2. Invulformulier stappenplan 'ander gedrag' | 58 |
| Bijlage 5.3. Voorbeelden stappenplan 'ander gedrag' | 59 |
| | |
| **Sessie 6. Realistische zelfinschatting maken** | 61 |
| Bijlage 6.1. Format G-schema | 67 |
| Bijlage 6.2. Voorbeelden G-schema's rondom zelfoverschatting | 68 |
| Bijlage 6.3. Voorbeelden slim gedragsplan rondom concentratie- en geheugenproblemen | 69 |

| | | |
|---|---|---|
| **Sessie 7.** | **Realistische tijdsinschatting maken** | 71 |
| Bijlage 7.1. | Voorbeelden G-schema's van inschattingsproblemen rondom tijd | 77 |
| Bijlage 7.2. | Snelle gok versus overdachte tijdsinschatting | 79 |
| | | |
| **Sessie 8.** | **Realistische taakinschatting maken** | 81 |
| Bijlage 8.1. | Voorbeelden G-schema's van inschattingsproblemen rondom taken | 88 |
| Bijlage 8.2. | Gevolgen van uitstellen en realistische gedachten die kunnen helpen | 91 |
| Bijlage 8.3. | Slim gedrag rondom het aanpakken van taken | 92 |
| | | |
| **Sessie 9.** | **Opruimen, ordenen en organiseren** | 95 |
| Bijlage 9.1. | Voorbeelden van een slim gedragsplan rondom opruimen, ordenen, organiseren en spullen niet kwijtraken | 101 |
| | | |
| **Sessie 10.** | **Omgaan met impulsiviteit** | 103 |
| Bijlage 10.1. | Aanpakken van impulsiviteit | 111 |
| Bijlage 10.2. | Voorbeelden G-schema's rondom impulsiviteit | 113 |
| | | |
| **Sessie 11.** | **Verbeteren van de frustratietolerantie** | 115 |
| Bijlage 11.1. | Voorbeelden G-schema's rondom frustratietolerantie | 121 |
| | | |
| **Sessie 12.** | **Gebruik van medicatie bij ADHD** | 125 |
| Bijlage 12.1. | Format registratieschema medicatie bij ADHD | 130 |
| Bijlage 12.2. | Voorbeeld registratieschema medicatie bij ADHD | 131 |
| | | |
| **Sessie 13.** | **Terugvalpreventie** | 133 |
| Bijlage 13.1. | Leerpunten van het behandelprotocol 'cognitieve en gedragstherapie bij volwassenen met AD(H)D' | 135 |
| Bijlage 13.2. | Format terugvalpreventieplan | 136 |
| Bijlage 13.3. | Voorbeeld terugvalpreventieplan | 137 |
| | | |
| **Ruimte voor aantekeningen** | | **138** |

# Inleiding

U heeft recent of eerder de diagnose ADHD of ADD gekregen. Met uw therapeut hebt u afgesproken daarvoor een behandeling te volgen die 'cognitieve en gedragstherapie bij volwassenen met AD(H)D' heet. Voor u ligt het werkboek dat bij deze behandeling hoort. Deze behandeling is zowel gericht op uw gedrag als op uw gedachten. U leert vaardigheden aan waardoor de problemen die u hebt als gevolg van de ADHD zullen verminderen. Hiernaast leert u ook om gedachten te veranderen die ervoor zorgen dat het niet lukt om het nieuwe gedrag te laten zien. In de praktijk is gebleken dat deze combinatie ervoor zorgt dat het mensen met ADHD beter lukt om vooruit te komen en minder last te hebben van de gevolgen van hun ADHD.

In de eerste sessies krijgt u uitleg over het ontstaan en de belangrijkste kenmerken van ADHD. Er wordt uitgelegd dat ADHD een probleem is met het verwerken van informatie. Iemand met ADHD kan prikkels van buitenaf niet goed tegenhouden en raakt daardoor 'overprikkeld'. Dit leidt vervolgens tot klachten die typisch zijn voor ADHD: concentratieproblemen, onrust (hyperactiviteit) en te snel reageren op dingen die om u heen gebeuren (impulsiviteit). In de sessies hierna leert u aan hoe u overprikkeling kunt verminderen en/of voorkomen.

Tijdens de sessies hierna wordt ingegaan op het aanpakken van zaken waar mensen met AD(H)D in kunnen vastlopen. U leert om sneller aan de slag te gaan met taken, tijd beter in te schatten en het opruimen, organiseren en ordenen te verbeteren. Om deze vaardigheden aan te leren doorloopt u steeds een vast stappenplan. Hierbij wordt ook gekeken naar gedachten die belemmerend kunnen zijn bij het aanleren van de nieuwe vaardigheden. Deze gedachten worden onder de loep genomen en vervangen door gedachten die helpen om de nieuw aangeleerde vaardigheden goed uit te voeren.

Het behandelingsprotocol eindigt met sessies die gaan over impulsiviteit, frustratietolerantie en medicatie. Deze sessies zijn optioneel, wat betekent dat u met de therapeut kunt bespreken of deze sessies ook op uw situatie van toepassing zijn.

De sessies hebben een vast verloop. Elke sessie begint met een korte inleiding. Vervolgens wordt het huiswerk besproken. Hierna volgt de themabespreking, waarin de kern van de sessie uitgelegd wordt. Hier wordt vervolgens mee geoefend tijdens de sessieoefening. De sessie wordt afgesloten met het bespreken van het huiswerk voor de keer daarop.

U vraagt zich misschien af of deze behandeling voor zowel mensen met ADHD als ADD geschikt is. Het antwoord hierop is 'ja'. Het verschil tussen ADHD en ADD zit niet in de stoornis zelf, maar in de presentatiewijzen. Het verschil hiertussen komt tijdens de behandeling nog aan bod. Voor het gemak wordt er in dit werkboek gesproken over ADHD, waarmee alle typen bedoeld worden.

De therapeut is zich ervan bewust dat u deze behandeling volgt omdat u last hebt van uw ADHD. Het kan zijn dat de ADHD problemen geeft bij het volgen van de therapie. Bijvoorbeeld omdat u moeite hebt met concentreren, niet lang stil kunt zitten of het niet lukt om op tijd te komen. Dat is niet erg, er kan in dat geval juist gekeken worden hoe u dit kunt aanpakken. Op die manier kan de therapie direct in de praktijk worden gebracht en kan er de volgende sessie geëvalueerd worden of het beter gaat. Geef dus vooral tijdens de sessie aan waar u last van hebt en wat u wilt bespreken.

Ten slotte is het goed om aan te geven dat het doel van therapie is om verandering teweeg te brengen. Verandering komt helaas niet vanzelf, hiervoor is inzet en oefening nodig. Deze therapie is dan ook gericht op het steeds opnieuw oefenen met wat in de sessies aan bod is gekomen. De komende weken hoort huiswerk dan ook bij de behandeling.

Ik wens u heel veel succes tijdens deze behandeling!

**Sanne E. Vink**

# Hoe dit boek te gebruiken

Bij elke behandelingssessie van dit behandelingsprotocol hoort een hoofdstuk in dit werkboek. Elk hoofdstuk begint met de agenda, zodat duidelijk wordt wat er die sessie op het programma staat. Hierna wordt er een inleiding gegeven waarin de inhoud van de vorige sessie kort wordt herhaald en uitgelegd wordt wat de inhoud is van de huidige sessie. Dit stuk kunt u vóór de sessie lezen. Hierna volgt de themabeschrijving: een uitgebreide beschrijving van wat die sessie besproken wordt. Op die manier kunt u altijd teruglezen wat er besproken is en hoeft u tijdens de sessie niet bezig te zijn met het maken van aantekeningen. U mag de themabeschrijving voor de sessie lezen, maar dit hoeft niet per se. Hierna volgen huiswerkopdrachten. Het is de bedoeling dat u deze opdrachten na de sessie maakt; hoe dat is gegaan wordt de daaropvolgende sessie besproken. Zorg ervoor dat u op tijd aan de opdrachten begint. Het kan zijn dat er aan u gevraagd wordt om elke dag bezig te zijn met het huiswerk. De huiswerkopdrachten spelen namelijk een centrale rol in de therapie: hoe meer u buiten de behandelingssessies bezig gaat met datgene wat tijdens de sessie is aangeleerd, hoe groter het effect van de therapie is. Uiteraard kan het zijn dat u niet uit een opdracht komt. Dat is niet erg; ook dat geeft informatie waar de therapeut in de sessie met u verder mee aan de slag gaat. Bij de meeste hoofdstukken horen een of meer bijlagen. Hierin staat extra informatie, zoals een schema of een opsomming van adviezen. Sommige bijlagen bevatten voorbeelden. De bijlagen zijn soms ter informatie, maar kunnen ook nodig zijn voor het maken van de huiswerkopdrachten. Het is de bedoeling dat u dit werkboek elke sessie meeneemt naar de therapie.

# Sessie 1.
# Uitleg ADHD-model en kernsymptomen van ADHD

**Agenda sessie 1**
- Inleiding tot de behandeling en het behandelprotocol
- Themabespreking: het ADHD-model
- Sessieoefening: toetsing van het begrip van het ADHD-model
- Huiswerkopdrachten

## Inleiding van de behandeling en het behandelprotocol

De eerste sessie begint met een korte inleiding van de behandeling en uitleg van het behandelprotocol. Hierbij wordt ook besproken wat er tijdens de therapie van u verwacht wordt en hoe u het werkboek kunt gebruiken. Hierna wordt het eerste thema besproken: het ADHD-model en de kernsymptomen van ADHD worden uitgelegd. Tijdens de sessieoefening is het de bedoeling dat u zelf oefent met het uitleggen van het ADHD-model. De sessie eindigt met het bespreken van het huiswerk voor de volgende sessie.

## Themabespreking sessie 1: het ADHD-model

ADHD is een informatieverwerkingsprobleem. De mens ontvangt informatie over de wereld via de vijf zintuigen. Dit zijn de oren (horen), ogen (zien), tong (proeven), neus (ruiken) en de huid (voelen). Alle informatie die op die manier binnenkomt, wordt aangeduid met de term 'prikkels'. Prikkels worden via zenuwbanen van de zintuigen aan de hersenen doorgegeven. Elke minuut komen er ongeveer duizend tot tienduizend prikkels op een mens af. Dit zijn er voor de hersenen te veel om te verwerken. Dit probleem wordt opgelost door stofjes in de hersenen die als een filter werken. Deze stofjes worden 'neurotransmitters' genoemd. Ze zorgen ervoor dat prikkels geselecteerd en gedempt worden. De prikkels die iemand wil laten binnenkomen worden geselecteerd, doorgelaten en opgevangen in de hersenen. Vervolgens wordt automatisch alle beschikbare informatie over deze prikkel opgehaald uit het geheugen. Hierna kan een plan voor het geven van een reactie gemaakt worden. Aansluitend kan dit plan uitgevoerd worden. Er volgt altijd een terugkoppeling van deze uitvoering waarin geëvalueerd wordt hoe de reactie is verlopen. Deze informatie kan gebruikt worden wanneer iemand opnieuw zo'n reactie wil geven.
De stappen in het informatieverwerkingsproces zijn dan ook het opvangen van prikkels, selecteren van prikkels, ophalen van opgeslagen informatie uit de her-

senen, maken van een plan, overgaan tot uitvoering hiervan en terugkoppeling/ evaluatie van het plan. Toch wil het niet altijd zeggen dat er een goede uitkomst is wanneer de informatieverwerking op deze manier verloopt. Het kan natuurlijk zijn dat de informatie die opgeslagen is in het geheugen fout is, dat het gemaakte plan niet zo handig blijkt te zijn of de uitvoering van het plan middelmatig was. Door gebruik te maken van de terugkoppeling ontstaat een keuzemogelijkheid: iemand kan besluiten het de volgende keer anders te doen. Zo blijven mensen leren. Een visuele weergave van deze informatieverwerking vindt u in bijlage 1.2.

Het probleem bij ADHD is dat het filter niet goed werkt doordat de neurotransmitters minder goed werken. Hierdoor worden te veel ongewenste prikkels doorgelaten. Ook worden prikkels te weinig gedempt. Iemand met ADHD vangt dan ook veel meer op van wat er in de omgeving speelt. Deze extra prikkels vormen een sterke afleiding, waardoor iemand niet voldoende aandacht kan geven aan de taak waar hij mee bezig is. Hierdoor ontstaan aandachts- en concentratieproblemen. Daarnaast wordt er ook van afleidende prikkels automatisch alle beschikbare informatie opgehaald uit het geheugen. Dit kost energie en geeft veel onrust in het hoofd. Hierdoor ontstaat hyperactiviteit. Mensen zullen hyperactiviteit in eerste instantie als drukte in het hoofd ervaren. Hyperactiviteit kan zich ook uiten in het spreken en in het gedrag. Door de (continue) overprikkeling is er veel hersencapaciteit nodig voor het ophalen van informatie. Hierdoor is er niet altijd ruimte om een goed plan te maken. Het gevolg kan zijn dat iemand met ADHD impulsief gaat handelen. Dit betekent dat er gehandeld wordt zonder de beschikbare informatie mee te nemen omdat die er nog niet is. De kans op het maken van fouten wordt hierdoor groter. Impulsiviteit komt vooral voor bij extraverte mensen: mensen die naar buiten gericht zijn. Introverte mensen reageren eerder door te blijven twijfelen en zullen misschien wel niets doen. Extraverte mensen zullen dan ook eerder de diagnose ADHD krijgen en introverte mensen sneller de diagnose ADD. Hierover volgt later nog meer informatie.

## Kernsymptomen bij ADHD

*Attention deficit hyperactivity disorder* wordt vertaald met aandachtsdeficiëntie-/hyperactiviteitsstoornis. Dit betekent dat mensen met ADHD een probleem in de aandacht hebben en ook hyperactief kunnen zijn. In de DSM-5 (het handboek met psychiatrische diagnoses, voor artsen, psychologen en psychiaters) wordt beschreven dat ADHD drie kernsymptomen heeft: aandachtsproblemen, hyperactiviteit en impulsiviteit.
De aandachtsproblemen maken dat mensen met ADHD moeite hebben om hun aandacht op één ding tegelijk te richten. Zij geven vaak aandacht aan verschillende prikkels tegelijkertijd. Iemand met ADHD heeft dan last van verdeelde aandacht. Dit leidt onder andere tot het gemakkelijk afgeleid kunnen worden, onvoldoende aandacht voor details hebben, vergeetachtigheid en moeite met het organiseren van taken. Het kan zijn dat zaken die niet belangrijk zijn juist veel aandacht krijgen, waardoor iemand met ADHD bepaalde prikkels als sterker ervaart.
Omdat er veel prikkels tegelijk binnen kunnen komen, kan iemand met ADHD last krijgen van hyperactiviteit. Die uit zich op verschillende manieren. Mensen kunnen

hyperactief zijn in hun denken. Ze hebben dan moeite om te stoppen met denken en kunnen met hun gedachten van de hak op de tak springen. Hierdoor voelen zij zich ook innerlijk onrustig. Anderen ervaren innerlijke gejaagdheid en hebben moeite zich te ontspannen. De onrust kan zich ook uiten in het spreken. Iemand spreekt dan bijvoorbeeld heel veel of snel. Ten slotte kan de onrust zich motorisch uiten. Iemand heeft dan moeite om stil te zitten, van korstjes af te blijven of friemelt met van alles.

Bij iemand met ADHD kan ook sprake zijn van impulsiviteit. Dit betekent dat hij handelt zonder vooraf een slim plan te hebben gemaakt. Dit kan zich uiten in het spreken en in gedrag. In het spreken blijkt impulsiviteit doordat iemand bijvoorbeeld antwoord geeft terwijl de vraag nog niet afgemaakt is of dingen zegt terwijl dit niet de bedoeling is. Impulsiviteit in het gedrag is merkbaar aan dat iemand moeite heeft zichzelf te remmen of herhaaldelijk in dezelfde valkuilen stapt.

In bijlage 1.1 van dit werkboek vindt u een overzicht van de uitingen van de verschillende kernsymptomen van ADHD.

## Huiswerkopdrachten sessie 1

### Opdracht 1 – uitingen van de kernsymptomen van ADHD

In bijlage 1.1 van dit werkboek wordt een overzicht gegeven van de uitingen van de kernsymptomen van ADHD. Bedenk voor elk kernsymptoom drie concrete voorbeelden die op u van toepassing zijn. Beschrijf de gevolgen hiervan. Zet ten slotte achter het voorbeeld in hoeverre u hier last van had op een schaal van 0 tot 10 (0 = helemaal geen last, 10 = heel veel last).

**Kernsymptoom 1: onoplettendheid/concentratieproblemen**

> *Voorbeeld:*
> *Ik bleek een telefoonnummer verkeerd opgeschreven te hebben. Gevolg: ik ben uiteindelijk lang bezig geweest om het juiste nummer te achterhalen. Last: 8.*

Uitwerking:

1) _____

_____ Last _____

2) _____

_____ Last _____

3) _____

_____ Last _____

**Kernsymptoom 2: hyperactiviteit/onrust**

> *Voorbeeld:*
> *Tijdens een vergadering tril ik continu met mijn benen. Gevolg: opmerkingen van mijn collega's. Last: 4.*

Uitwerking:

1) _____ Last \_\_\_\_\_

2) _____ Last \_\_\_\_\_

3) _____ Last \_\_\_\_\_

**Kernsymptoom 3: impulsiviteit**

> *Voorbeeld:*
> *Toen de manager vroeg wie er een presentatie kon geven heb ik direct 'ja' gezegd. Gevolg: lang bezig zijn met de voorbereiding van de presentatie. Ik moest hier andere afspraken voor afzeggen. Last: 7.*

Uitwerking:

1) _____ Last \_\_\_\_\_

2) _____ Last \_\_\_\_\_

3) _____ Last \_\_\_\_\_

## Opdracht 2 – hypersensitiviteit met betrekking tot prikkels

Bij ADHD kan het zijn dat bepaalde prikkels sterker binnenkomen. Het lijkt dan of geluiden harder zijn, licht feller is en smaken en geuren intenser zijn. Bedenk of dat ook op u van toepassing is. Schrijf een concreet voorbeeld op.

> *Voorbeelden:*
> - *Ik stoor me aan het ademen van mijn partner waardoor ik niet in slaap val.*
> - *Ik krijg hoofdpijn van de intensiteit en het geluid van tl-lichten.*

Uitwerking:

_____

_____

## Opdracht 3 – extra symptomen bij ADHD

Tijdens de eerste bijeenkomst zijn de drie kernsymptomen van ADHD uitgelegd. Er zijn ook nog extra symptomen die bij een groot deel van de mensen met ADHD voorkomen. Bedenk welke symptomen dit kunnen zijn en schrijf drie voorbeelden op.

> *Voorbeelden:*
> - *Ik heb vaak ongelukjes (knoeien, vallen, etc.) doordat ik niet goed oplet of een taak te snel uitvoer.*
> - *Ik heb moeite om weer in slaap te vallen als ik 's nachts wakker ben geworden omdat ik dan niet kan stoppen met denken.*

Uitwerking:

1) _____

_____

2) _____

_____

3) _____

_____

## Bijlage 1.1. Overzicht uitingen kernsymptomen van ADHD

### Uitingen van onoplettendheid/concentratieproblemen

**Te veel prikkels die binnenkomen**
- Onvoldoende aandacht voor details, maken van slordigheidsfouten
- Moeite met de aandacht bij taken of activiteiten te houden
- Moeite met luisteren wanneer aangesproken
- Moeite met aanwijzingen op te volgen dan wel taken af te maken
- Moeite met het organiseren van taken en activiteiten
- Een aversie tegen langdurige mentale taken of deze vermijden
- Relevante zaken kwijtraken
- Gemakkelijk afgeleid door uitwendige en inwendige prikkels
- Vergeetachtigheid bij dagelijkse bezigheden
- Chaotisch en wanordelijk
- Geen overzicht over hoofd- en bijzaken
- Moeite met kiezen, veel twijfelen
- Moeite met het uitvoeren van planningen door afleiding
- Uitstellen van opdrachten en taken tot het laatste moment
- Dubbele afspraken maken

**Prikkels die binnenkomen zijn sterker en intensiever**
- Oppikken van nauwelijks hoorbare geluiden en deze moeilijk kunnen negeren
- Last hebben van minimale geluiden zoals kauwen of ademhalingspatroon van een ander
- Moeite om te gaan met fel licht of zich te concentreren met knipperende lichten op de achtergrond

### Uitingen van hyperactiviteit

**Onrust in het hoofd**
- Versnelde gedachtegang dan wel een chaos/wervelwind/storm in het hoofd
- Continu gedachtenflitsen en moeite met deze gedachten vast te houden
- Gedachten niet bij één onderwerp kunnen houden

**Onrust in het spreken**
- Veel spreken of veel aan het woord zijn
- Versneld spreektempo
- Associatieve manier van spreken en zinnen niet afmaken
- Woordvindingsproblemen met gebruik van vervangwoorden zoals 'gewoon' en 'ding'
- Onnodig gedetailleerd en uitgebreid in het spreken
- Herhaaldelijk kwijt zijn wat men wilde zeggen

### Onrust in de motoriek / gedrag
- Opstaan terwijl verwacht wordt dat men blijft zitten
- Rondrennen en klimmen terwijl dit ongepast is dan wel gevoelens van rusteloosheid
- Moeilijk rustig kunnen spelen of moeite zich (rustig) bezig te houden met ontspannende activiteiten
- In de weer zijn / doordraven / onrustig zijn
- Steeds even moeten lopen om wat te pakken
- Friemelen, plukken, krabben aan korstjes, nagelbijten, trillen met de benen, altijd iets in de handen hebben, trommelen en tikken met de handen, maken van tekeningen tijdens vergaderingen, veelvuldig trillen van de benen, etc.
- Activiteiten gehaast uitvoeren
- Steeds gefrustreerder en rustelozer worden bij lang stil moeten zitten

## Uitingen van impulsiviteit

### Verbale impulsiviteit
- Antwoord geven voordat de vraag afgemaakt is dan wel anderen onderbreken in hun verhaal
- Moeite met het voor zich houden van informatie; per ongeluk geheimen verklappen
- Anderen herhaaldelijk in de rede vallen en interrumperen
- Vragen stellen waar het antwoord al van bekend is
- Ja zeggen zonder de consequenties goed overdacht te hebben
- Ongenuanceerd kritiek of adviezen geven

### Impulsiviteit in het handelen
- Anderen storen terwijl deze bezig zijn dan wel zichzelf opdringen
- Moeite met de beurt af te wachten
- Herhaaldelijk dezelfde fout begaan en achteraf spijt hebben
- Niet aan eigen voornemens kunnen houden en continu in dezelfde valkuilen stappen

## Bijlage 1.2. Het informatieverwerkingsproces bij mensen zonder ADHD

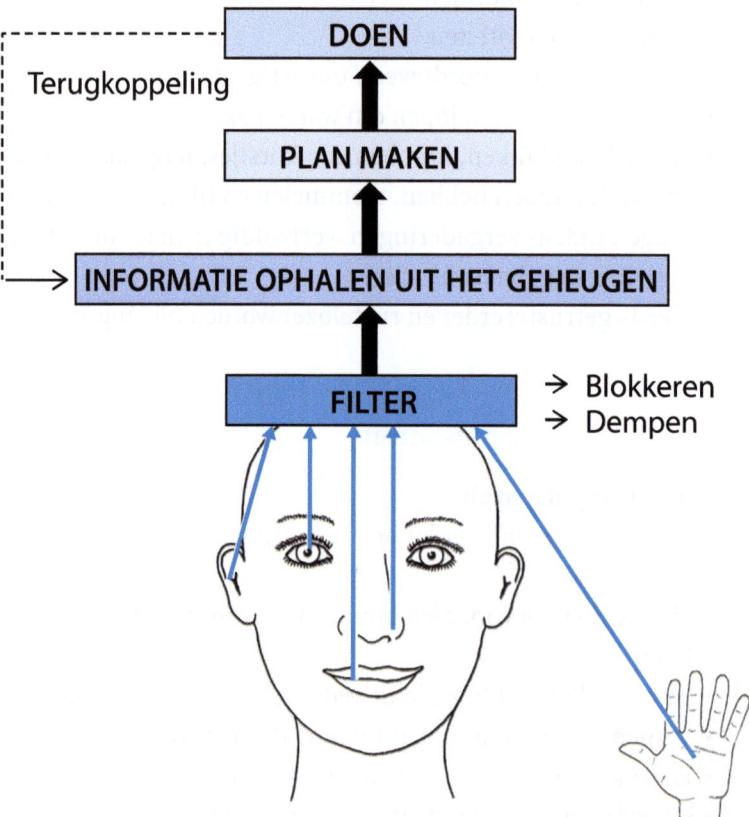

Prikkels komen via de vijf zintuigen binnen in de hersenen

## Bijlage 1.3. Het uitgetekende ADHD-model door de therapeut

Hier kan de therapeut het ADHD-model tekenen en op die manier visualiseren.

## Bijlage 1.4. Het uitgetekende ADHD-model

Hier kunt u zelf het ADHD-model tekenen

# Sessie 2.
# Extra symptomen bij ADHD

**Agenda sessie 2**
- Inleiding
- Huiswerkbespreking
- Themabespreking: het leren herkennen van extra symptomen van ADHD
- Sessieoefening: een slim gedragsplan voor het aanpakken van één extra symptoom
- Huiswerkopdrachten

## Inleiding

In de eerste sessie is het ADHD-model besproken en is aan u uitgelegd hoe de kernsymptomen van ADHD verklaard kunnen worden. Veel volwassenen met ADHD laten naast concentratieproblemen, onrust/hyperactiviteit en impulsiviteit nog meer symptomen zien. Ook deze symptomen komen door de verstoring in de informatieverwerking. Het kunnen herkennen van alle ADHD-symptomen is nodig om eerder in te kunnen grijpen. Daarom zullen in deze sessie extra symptomen van ADHD besproken worden. Bedenk welk symptoom het meest van toepassing is op uw situatie of waar u het meest tegenaan loopt. Tijdens de sessieoefening kan dan een plan gemaakt worden om dit aan te pakken.

## Themabespreking sessie 2: het leren herkennen van extra symptomen van ADHD

Veel mensen met ADHD blijken naast de drie typerende kernsymptomen last te hebben van andere overeenkomstige symptomen die te maken kunnen hebben met ADHD. Het is belangrijk om ook deze symptomen te herkennen, zodat u uw eigen gedrag kunt verklaren. Ook wordt het hierdoor mogelijk om sneller in te grijpen en ervoor te zorgen dat de ernst van de ADHD-symptomen minder wordt. Soms kunnen symptomen van ADHD ook in uw voordeel werken. Deze kunnen misschien juist wel gebruikt worden. Hierna vindt u een overzicht van de verschillende extra symptomen.
- **Ontladingen bij overprikkeling.** Wanneer het filter niet goed werkt, komen er te veel prikkels binnen. Constante overprikkeling kan tot ontladingen leiden. Deze uiten zich in een plotselinge boze, onredelijke of verdrietige bui. Hiervoor is meestal geen specifieke of directe aanleiding te vinden. Dit komt omdat de over-

prikkeling in de uren of zelfs dagen daarvoor heeft plaatsgevonden. De hevigheid van ontladingen zegt wel iets over de hoeveelheid ontvangen prikkels: hoe meer of heftiger de ontladingen, hoe meer prikkels in de dagen daarvoor ontvangen zijn. Dit kan als signaal gebruikt worden om een slim plan te bedenken om zo ontladingen te voorkomen. Prikkels kunnen bijvoorbeeld verminderd worden door afspraken af te zeggen. Hier wordt in latere sessies nog verder op ingegaan.

- **Problemen met in- en/of doorslapen.** Te veel externe prikkels overdag zorgen voor een te actief brein gedurende de nacht. Hierdoor kunnen in- of doorslaapproblemen ontstaan. De duur en kwaliteit van de slaap kan als graadmeter gebruikt worden om de hoeveelheid prikkels in de dagen daarvoor in te schatten. In het geval van slaapproblemen kan het helpen om de regels van slaaphygiëne (extra strikt) toe te passen. Deze staan in bijlage 2.2 van dit werkboek beschreven. Ook helpt het om maatregelen te nemen om de hoeveelheid prikkels overdag te verminderen. Deze komen in sessie 4 verder aan bod.

- **Niet ontvangen van interne prikkels.** Doordat iemand met ADHD voortdurend te veel externe prikkels binnenkrijgt, is er minder ruimte om interne prikkels vanuit het lichaam op te vangen. Voorbeelden van interne prikkels zijn het hebben van honger of dorst, toiletdrang, het ervaren van pijn of vermoeidheid en signalen over de stand van de ledematen. Het niet goed of niet op tijd opmerken van deze interne prikkels kan tot diverse problemen leiden. Voorbeelden hiervan zijn buikpijn krijgen omdat het toiletbezoek steeds uitgesteld is of blauwe plekken hebben zonder dat u weet hoe u hieraan bent gekomen. Om dit soort problemen te voorkomen is het nodig om interne prikkels op tijd op te vangen. Dit lukt alleen maar in een situatie waarin er weinig externe prikkels zijn. Het kan helpen om regelmatig een prikkelarme situatie op te zoeken om even te polsen hoe u zich voelt. Zie voor extra voorbeelden van interne prikkels bijlage 2.3 van dit werkboek.

- **Hyperfocus.** Wanneer alle externe prikkels elkaar ondersteunen, dat wil zeggen wanneer zij dezelfde boodschap hebben, kan hyperfocus ontstaan. Dit is een situatie waarin er sprake is van overmatige concentratie. De concentratie is zo sterk dat de omgeving vergeten of verwaarloosd wordt. Dit komt voornamelijk voor tijdens audiovisuele activiteiten zoals gamen, creatieve activiteiten en het lezen van pakkende boeken. Mensen met hyperfocus hebben dan juist moeite om 'los' te komen van deze activiteiten. Ze worden er als het ware ingezogen. De aanwezigheid van hyperfocus kan verwarring over de ADHD-diagnose geven, omdat het lijkt alsof iemand een goed concentratievermogen heeft. Maatregelen zoals het instellen van een timer kunnen helpen om de hyperfocus te doorbreken.

- **Behoefte aan afwisseling en uitdaging.** Nieuwe en spannende prikkels trekken gemakkelijker de aandacht en leiden minder snel tot concentratieproblemen. Saaie, routinematige activiteiten zijn lastiger voor mensen die snel afgeleid zijn. Hierdoor hebben veel mensen met ADHD behoefte aan afwisseling en uitdaging. Het is de kunst om die op een goede manier te zoeken.

- **Kans op verslaving.** Mensen met ADHD hebben een grotere kans op verslaving. Stimulerende middelen zoals cafeïne, nicotine, cocaïne, xtc en speed geven in bepaalde zin hetzelfde effect als wat medicatie bij ADHD bewerkstelligt: concentratieverbetering en innerlijke rust. Wanneer mensen met ADHD deze ervaring opdoen, is de kans aanwezig dat ze opnieuw naar deze medicatie grijpen om dit effect te ervaren. Dit geeft een risico op verslaving. Sederende middelen zoals

alcohol, cannabis en heroïne kunnen aantrekkelijk zijn voor mensen met ADHD die veel last hebben van de innerlijke onrust en niet weten hoe zij hun hoofd op een andere manier rustig krijgen. Sedatie lijkt dan de enige oplossing, wat eveneens een risico op verslaving geeft.
- **Moeite met de verwerking van emotionele gebeurtenissen.** Om emotionele gebeurtenissen te kunnen verwerken is het nodig om emoties vast te houden. Dit wordt lastig wanneer iemand snel afgeleid is. Hierdoor verwerken mensen met ADHD emotionele gebeurtenissen minder goed. Een confrontatie met de gebeurtenis uit het verleden kan dan steeds weer dezelfde heftige emotionele reactie oproepen.
- **Negatief zelfbeeld.** Mensen met ADHD hebben een grotere kans op het ontwikkelen van een negatief zelfbeeld. Door afleidbaarheid is de kans op het maken van fouten immers groter, waardoor faalervaringen ontstaan. Door de bijkomende impulsiviteit is het lastig om goede voornemens uit te voeren en stapt iemand gemakkelijk in oude valkuilen. Mensen met ADHD krijgen dan ook vaker negatieve feedback vanuit de omgeving. Hierdoor is er een grotere kans dat iemand met ADHD een laag zelfbeeld ontwikkelt en denkt niet goed genoeg te zijn. Juist door het krijgen van inzicht in (de oorsprong van) ADHD-gedrag leren mensen met ADHD zichzelf te begrijpen. Hierdoor zijn zij beter in staat om hun gedrag uit te leggen tegenover de omgeving. Ook zijn zij door deze informatie beter in staat een slim gedragsplan te bedenken om faalervaringen te voorkomen.
- **Matig besef van tijd.** Het ontwikkelen van een goed besef van tijd is lastig wanneer de tijd die het uitvoeren van een taak kost varieert. Dit is het geval wanneer mensen last hebben van afleidbaarheid. Daarnaast is het voor mensen met ADHD moeilijk om een goede inschatting te maken van de tijd die iets kost, omdat zij te weinig rust hebben om hierbij stil te staan. Het gevolg hiervan is dat schema's en planningen vaak uitlopen, mensen met ADHD geregeld te laat komen en activiteiten afgeraffeld moeten worden omdat ze tijd tekortkomen. Gelukkig is besef van tijd aan te leren. Dit komt in sessie 7 verder aan bod.

## Huiswerkopdrachten sessie 2

### Opdracht 1 – uitingen van de extra ADHD-symptomen

Kies drie van de extra symptomen uit die het meest van toepassing zijn op uw situatie. Geef bij elk twee concrete voorbeelden. Beschrijf in welke situatie die zich voor hebben gedaan en hoeveel last u hiervan had op een schaal van 0 tot 10 (0 = helemaal geen last, 10 = heel veel last).

> *Voorbeelden:*
> - *Categorie 'ontladingen'. Gisteravond kreeg ik een huilbui nadat het koken mislukte. Ik schaamde me hiervoor tegenover mijn vriend (last 7). Van de week werd ik onredelijk boos op mijn vriendin omdat zij een afspraak had afgezegd (last 8).*
> - *Categorie 'problemen met in- en/of doorslapen'. Voor mijn laatste vakantie had ik een aantal weken waarin ik bijna elke nacht meer dan twee uur wakker lag. Gelukkig bleef ik voldoende energie houden (last 5).*

Uitwerking:

Categorie: _____

Voorbeeldsituatie 1: _____

_____ Last _____

Voorbeeldsituatie 2: _____

_____ Last _____


Categorie: _____

Voorbeeldsituatie 1: _____

_____ Last _____

Voorbeeldsituatie 2: _____

_____ Last _____


Categorie: _____

Voorbeeldsituatie 1: _____

_____ Last _____

Voorbeeldsituatie 2: _____

_____ Last _____

### Opdracht 2 – herkenning van ADHD

Lees bijlage 2.1 van dit werkboek. Vink in deze bijlage situaties aan die u bij uzelf herkent.

### Opdracht 3 – signalen van overprikkeling

De aanwezigheid van ADHD-symptomen kan als een signaal of graadmeter gebruikt worden voor de hoeveelheid prikkels die binnengekomen zijn. Hierbij geldt: hoe meer ADHD-symptomen u ervaart, hoe meer externe prikkels u in de afgelopen dagen ontvangen hebt. Bedenk minstens drie signalen waaraan u bemerkt dat u overprikkeld bent.

Voorbeelden:

Als ik te veel prikkels heb binnengekregen, merk ik dat aan ...
- *dat ik slecht slaap en midden in de nacht klaarwakker ben;*
- *dat ik in de auto nauwelijks muziek kan verdragen terwijl ik normaal graag muziek op heb;*
- *dat ik zelfs de standaardactiviteiten op mijn to-dolijst zet, bijvoorbeeld dat ik moet gaan ontbijten;*
- *dat ik geen zin meer heb om 'leuke' dingen te ondernemen;*
- *dat ik geneigd ben om me af te zonderen, bijvoorbeeld door in de pauze een ommetje te maken.*

Uitwerking:

Wanneer ik te veel prikkels binnen heb gekregen, merk ik dat aan ...

1) _____

2) _____

3) _____

## Bijlage 2.1. Om te lezen: Je weet dat je ADHD hebt als …

- jij niet te snel praat, maar de ander gewoon te langzaam luistert;
- je af en toe helemaal in de war raakt tijdens het spreken omdat je halverwege zulke goede ideeën hebt gekregen dat je het spoor volledig bijster bent;
- je het telefoonnummer van je moeder uit je hoofd intypt op de telefoon omdat je vergeten bent welke voorkeurstoets het is;
- je de hele dag op de bank zit te wachten op een specifiek tv-programma en je in het halfuurtje waarin het uitgezonden wordt net een klusje aan het doen bent;
- de computer en internetverbinding altijd te traag zijn, hoe snel deze ook gaan;
- je klaar bent met de afwas, maar de helft van de borden nog op tafel blijkt te staan;
- je vaak terug moet naar de winkel omdat je wat vergeten bent;
- je niet alleen veel vergeet, maar ook dingen vergeten bent waarvan je niet meer weet wat die waren;
- je iets niet meer terugvindt wanneer je een vaste plek hebt bedacht omdat je niet meer weet welke plek dat was;
- je jezelf afvraagt welke dag of welk jaar het is;
- je je afvraagt waarom anderen knipperende lampjes op de achtergrond wel kunnen negeren;
- je zeker weet dat je zeven nagelschaartjes in huis hebt, maar toch een nieuwe gaat kopen omdat je niet weet waar je ze gelaten hebt;
- je een snoepje openmaakt waarbij je het snoepje weggooit en het papiertje in je mond stopt;
- je uit voorzorg je schoudertas bij de kassa van de porseleinwinkel afgeeft, uit angst om dingen om te stoten;
- je altijd een zitplaats weet te bemachtigen in een volle bus of trein;
- je de straat uitrijdt en bemerkt dat je de afstandsbediening van de tv nog in je hand hebt;
- je niet begrijpt waarom anderen extreem saaie taken kunnen uitvoeren;
- je vergeten bent waar je naar op zoek bent, maar doorgaat met speuren in de hoop dat je het herkent wanneer je het tegenkomt;
- je verschillende to-dolijstjes hebt, waarvan de meeste al maanden in omloop zijn;
- je je sleutels in de koelkast aantreft en geen idee hebt wat ze daar doen;
- je je telefoon zoekt die afgaat en hem uiteindelijk in de kledingkast ontdekt, waar je hem waarschijnlijk even hebt neergelegd toen je de was opborg;
- je auto nooit geparkeerd staat waar jij dacht dat hij stond;
- een klein muggenbultje verandert in een bloedbad omdat je er niet van af kunt blijven;
- je teruggaat naar je bureau om je te herinneren waarom je überhaupt je bureau had verlaten;
- je denkt: wat zit er nu voor vervelends op mijn hoofd en ontdekt dat het je bril is;
- je een boodschappenlijst maakt en vergeet deze mee te nemen;
- je trots bent dat je het boodschappenlijstje mee hebt naar de supermarkt, maar vergeet erop te kijken;
- je je portemonnee kwijtraakt in je tas;
- het ademhalings- en kauwpatroon van je partner je gigantisch irriteert;

- je je omgeving er altijd aan moet helpen herinneren dat hun telefoon in hun eigen zak afgaat;
- elke plant in je huis compleet uitdroogt, waarop je steeds een nieuwe koopt en je jezelf voorneemt nu echt goed voor de plant te gaan zorgen;
- je op een feestje een spontane opmerking maakt, waarop je partner je schopt en jij hardop vraagt waarom hij je schopt;
- je iets op het dak van de auto laat liggen en dit pas bij aankomst bemerkt;
- je drie namen uitspreekt voordat je de juiste te pakken hebt; als de desbetreffende persoon reageert weet je niet meer wat je wilde zeggen;
- je eindelijk de spijkers vindt die je vorige week nodig had, maar inmiddels niet meer weet waarvoor;
- je denkt het te gaan onthouden, maar wanneer je wel weer weet waarvoor je ze nodig had, je ze niet meer weet te vinden;
- je blij bent omdat je er op tijd achter komt dat je een dubbele afspraak hebt gemaakt, maar bij het afzeggen van de afspraak erachter komt dat deze helemaal niet op die dag gepland was;
- je een mail krijgt van een internetbedrijf dat het artikel dat je zocht helaas is uitverkocht; hier ben je blij om, omdat je niet meer weet waarom je het artikel had besteld;
- je zonder boodschappen de supermarkt verlaat, terwijl je volle kar nog bij de rij staat omdat je het zo moeilijk vindt om te wachten;
- je zo snel praat dat je geen tijd hebt om na te denken wat je zegt;
- je om 06:00 uur opstaat om op 08.30 uur op je werk te zijn en toch altijd te laat komt, terwijl je maar vijftien minuten van je werk woont;
- je gek wordt van het feit dat deze lijst zo lang is en je je afvraagt hoelang het nog duurt.

## Bijlage 2.2. Overzicht adviezen rondom de slaaphygiëne

### Adviezen met betrekking tot de tijden en momenten van slaap

- **Constante bedtijden.** Houd bedtijden gedurende de week zo constant mogelijk, met maximaal 90 minuten verschil tussen de vroegste en laatste bedtijd. Opstaan om 07.00 uur door de week wordt in het weekend dan maximaal 08.30 uur.
- **Maximaal 7 à 8 uur.** Slaap gemiddeld niet meer dan zeven tot negen uur, uitzonderingen daargelaten. Hierdoor zult u merken dat u beter doorslaapt. Wanneer u 's nachts veel wakker ligt, kan het helpen om bijvoorbeeld een tot twee uur minder op bed te liggen. U kunt dit doen totdat u weer goed doorslaapt, waarna de bedtijd iets verlengd kan worden.
- **Alleen in de nacht.** Vermijd dutjes overdag. Een zogenaamde 'powernap' tussen de 15 en 25 minuten kan nuttig zijn, maar niet meer dan dat.

### Adviezen met betrekking tot bezigheden overdag

- **Voldoende beweging.** Lichamelijke activiteit in de namiddag zorgt voor een goede, diepe slaap. Vermijd intensieve lichamelijke inspanning na 20.00 uur.
- **Speel met licht.** Zorg voor voldoende lichtopname gedurende de dag, maar minimaliseer het omgevingslicht na 22.00 uur omdat dit afbraak van melatonine geeft. Zet lichten van bijvoorbeeld de telefoon en tablet in de avond op 'filter blauw licht'.
- **Alleen slapen.** Gebruik de slaapkamer alleen om te slapen. Het kan fijn zijn om in bed televisie te kijken of te werken, maar dit bevordert de slaap niet en zorgt voor slaapproblemen.

### Adviezen met betrekking tot het tijdstip (vlak) voor het slapen gaan

- **Vast ritueel.** Creëer een avond/slaapritueel. Bijvoorbeeld een vast patroon van uitkleden, tandenpoetsen en muziek luisteren. Dit bevordert de slaapstemming.
- **Bouw de dag af.** Zorg twee uur voor het slapen gaan voor ontspannende bezigheden waar geen lichamelijke of mentale inspanning voor nodig is. Ideaal zijn lichte huishoudelijke taken, zoals afwassen of de was opvouwen. Ook het kijken van herhalingen van series kan helpen te ontspannen zonder dat er nieuwe prikkels binnenkomen.
- **Vermijd alcohol.** Alcohol kan het inslapen misschien vergemakkelijken, maar doseringen boven de twee eenheden leiden tot doorslaapproblemen. Vermijd alcohol dan ook liever.
- **Vermijd stimulantia.** Beperk overdag de inname van stimulerende middelen zoals nicotine en cafeïnehoudende dranken. Vermijd deze in de avond helemaal.
- **Eet niet te zwaar.** Beperk zwaar eten in de periode van vier uur voor het naar bed gaan.
- **Alleen seks bij ontspanning.** Wanneer seks tot ontspanning leidt, is het prima daar voor het slapen aan te doen. Als dit voornamelijk opwinding geeft, kan het juist tot inslaapproblemen leiden.

### Adviezen met betrekking tot (de inrichting van) de slaapkamer

- **Zo donker mogelijk.** Zorg dat het zo donker mogelijk is in de slaapkamer. Gebruik bij voorkeur een elektrisch rolgordijn. Er kan ook gebruik gemaakt worden van een slaapmasker. De afwezigheid van licht stimuleert de aanmaak van melatonine en bevordert de slaap.
- **Zo stil mogelijk.** Zorg dat het zo stil mogelijk is in de slaapkamer. Maak eventueel gebruik van oordoppen, en experimenteer hiermee om de prettigste te vinden.
- **Temperatuur.** De optimale omgevingstemperatuur voor het slapen ligt rond de achttien graden. Maak eventueel gebruik van een extra deken wanneer u het koud hebt, en zorg voor warme voeten.
- **Ventilatie.** Zorg voor voldoende ventilatie van de slaapkamer, en lucht elke dag.
- **Afwezigheid van prikkels.** Houd de slaapkamer zo rustig mogelijk qua inrichting. Dit kan door te kiezen voor witte muren en ervoor te zorgen dat de slaapkamer opgeruimd blijft.
- **Afwezigheid van afleiding.** Houd apparaten als mobiele telefoon of tablet buiten de slaapkamer omdat de aandacht hier anders op gericht blijft.
- **Lekker liggen.** Zorg voor een ruim bed, een goed matras en schoon beddengoed.

## Bijlage 2.3. Overzicht interne prikkels

Bij ADHD komen te veel externe prikkels binnen, waardoor de ontvangst van interne lichamelijke prikkels in de verdrukking komt. Dit kan tot verschillende problemen leiden. Typerend is dat interne prikkels beter ontvangen worden wanneer externe prikkels uitgeschakeld zijn. Dit is bijvoorbeeld het geval in een prikkelarme situatie, zoals in het donker. Er is dan ook geen sprake van onwil zoals uitstelgedrag, maar eerder van te weinig controle hebben over de ontvangst van interne prikkels. Hieronder vindt u een overzicht van verschillende interne prikkels.

### Prikkels die een behoefte aangeven

- **Honger/dorst.** Bij te veel externe prikkels gedurende de dag zijn mensen met ADHD zich minder bewust van hun hongergevoel. Op rustige dagen wordt er juist meer gegeten. Dit is tegengesteld aan het metabolisme van mensen.
- **Toiletdrang.** Afleiding kan zorgen voor het steeds uitstellen van een toiletbezoek. Dit kan leiden tot buikpijn of zelfs tot een blaasontsteking.
- **Behoefte aan seks.** Sommige mensen met ADHD kunnen zich alleen concentreren op seks wanneer er weinig prikkels zijn, zoals in het donker.

### Prikkels die ziekte, pijn of temperatuur aangeven

- **Pijn.** Verwondingen zoals blauwe plekken of een snee pas opmerken wanneer er geen externe prikkels zijn, zoals in bed. Vaak is het dan moeilijk te achterhalen hoe deze zijn ontstaan.
- **Ziekte.** Gedurende de dag zich niet lekker voelen, maar de ernst hiervan te laag inschatten. Bijvoorbeeld 's avonds pas merken dat er ook sprake is van koorts.
- **Warmte / koude.** Door afleiding laat ontdekken dat u het warm of koud hebt.
- **Energieniveau.** Doorgaan zolang er voldoende externe prikkels aanwezig zijn en pas op een rustig moment bemerken hoe uitgeput u bent. Bij het opnieuw betreden van de onrustige en drukke situatie kunnen gevoelens van vermoeidheid weer naar de achtergrond verdwijnen.
- **Proprioceptieve zintuigen.** Proprioceptieve zintuigen geven door wat de houding is van het lichaam en in welke stand de ledematen staan. Dit is nodig voor goede motorische vaardigheden. Doordat er bij ADHD te veel prikkels binnenkomen komt het regelmatig voor dat er sprake is van motorische onhandigheid. Dit uit zich bijvoorbeeld in het zich herhaaldelijk stoten, struikelen en knoeien.

### Slimme gedragsplannen

Om de problemen als gevolg van het niet opvangen van interne prikkels te verminderen kunnen de volgende gedragsplannen uitgevoerd worden:
- Regelmatig een situatie met weinig externe prikkels opzoeken om te controleren waar u behoefte aan hebt, wat uw energieniveau is en of er sprake is van ziekte/pijn in het lichaam. Dit kan bijvoorbeeld door even op het toilet te gaan zitten met de lichten uit.
- Meer vertrouwen op signalen die opgevangen worden tijdens prikkelarme situaties. Hoe u zich voelt in prikkelrijke situaties is vaak minder betrouwbaar.

# Sessie 3.
# Creëren van een prikkelindicator

**Agenda sessie 3**
- Inleiding
- Huiswerkbespreking
- Themabespreking: creëren van een prikkelindicator
- Sessieoefening: het maken van de prikkelindicator
- Huiswerkopdrachten

## Inleiding

Inmiddels zal het u duidelijk zijn op welke manieren ADHD tot uiting kan komen. De hoeveelheid en ernst van deze symptomen geven aan of u (te) veel externe prikkels heeft binnengekregen. Dit kunt u als een signaal of een maat van overprikkeling gebruiken. In sessie 3 staat dan ook het maken van een persoonlijke 'prikkelindicator' centraal. Dit is een schema waardoor u gemakkelijk kunt inschatten hoe overprikkeld u bent. Tijdens de themabespreking wordt dieper ingegaan op hoe u overprikkeling kunt bemerken. In de sessieoefening wordt gestart met het maken van een persoonlijke prikkelindicator. De huiswerkopdrachten zorgen ervoor dat u kunt oefenen met het toepassen hiervan in de praktijk.

## Themabespreking sessie 3: creëren van een prikkelindicator

Te veel externe prikkels zorgen voor overprikkeling. Dit kan zich uiten op het gebied van gedachten, emoties, lichamelijke reacties, gedrag en gevolgen. Door deze signalen op een schaal van overprikkeling te plaatsen ontstaat een zogenaamde prikkelindicator. Dit is een schema waarvan u kunt aflezen hoeveel prikkels u hebt gehad. Omdat u deze gemakkelijker kunt aflezen, is het mogelijk om eerder te handelen om zo overprikkeling te verminderen of te voorkomen.
Overprikkeling kan in verschillende domeinen tot uiting komen. De domeinen worden hierna beschreven. In bijlage 3.1 van dit werkboek staat een overzicht met voorbeelden.
- **Overprikkeling in gedachten.** Overprikkeling uit zich vaak als eerste in een verandering in het denken. Denk bijvoorbeeld aan het kwijtraken van het overzicht, moeite hebben keuzes te maken, voortdurend bezig zijn met de planning en geen onderscheid meer kunnen maken tussen hoofd- en bijzaken. Vaak beginnen

mensen met ADHD dan ook op te zien tegen leuke activiteiten en ervaren ze taken steeds meer als een 'moeten'.
- **Overprikkeling in emoties.** Overprikkeling op emotioneel gebied uit zich in het sterker emotioneel reageren, bijvoorbeeld sneller geïrriteerd raken, bij tegenslagen gefrustreerder raken, ongewild geëmotioneerd raken bij een relatief geringe aanleiding en sneller angstig of somber zijn.
- **Overprikkeling in lichamelijke reacties.** Signalen van overprikkeling in lichamelijke reacties zijn bijvoorbeeld een toename van slaapproblemen, lichamelijke klachten en motorische onrust. Ook het minder goed opvangen van interne prikkels of moeite hebben lichamelijke sensaties te verdragen zijn voorbeelden.
- **Overprikkeling in gedrag.** Overprikkeling uit zich vaak in een verandering van gedrag. Vaak betekent dit dat de kernsymptomen van ADHD zichtbaarder zijn. Iemand ervaart een toename van concentratieproblemen, hyperactiviteit en impulsiviteit. Ook zal hij meer faalervaringen hebben.
- **Overprikkeling in gevolgen van gedrag.** Ook toename van negatieve consequenties vanuit de omgeving kunnen een aanwijzing zijn van overprikkeling. Denk bijvoorbeeld aan het krijgen van negatieve feedback, terugkrijgen van matige beoordelingen van prestaties en het ontvangen van aanmaningen, herinneringen of boetes. Vaak betekent dit dat overprikkeling al langere tijd bestaat.

## Sessieoefening: het maken van de prikkelindicator

Hieronder vindt u een stappenplan om de prikkelindicator samen te stellen. Een voorbeeld van een ingevulde prikkelindicator vindt u in bijlage 3.3 van dit werkboek. In bijlage 3.2 vindt u een leeg exemplaar.
- **STAP 1: signalen van overprikkeling bedenken.** Bedenk welke signalen van overprikkeling op u van toepassing zijn. Doe dit voor minimaal drie van de vijf bovenstaande domeinen. Bedenk zowel signalen van een lichte, matige als ernstige mate van overprikkeling.
- **STAP 2: signalen van niet-overprikkeld-zijn bedenken.** Bedenk bij dezelfde domeinen ook signalen die erop wijzen dat u niet overprikkeld bent.
- **STAP 3: signalen op volgorde zetten.** Zet de signalen van overprikkeling per domein op een schaal met aan het ene uiteinde 'niet overprikkeld' en aan het andere uiteinde 'sterk overprikkeld'.
- **STAP 4: niveau aan de schaal koppelen.** Kies een maat voor de schaal. Dit kunnen bijvoorbeeld cijfers zijn van 0 tot 10, waarbij 0 staat voor 'niet overprikkeld' en 10 voor 'sterk overprikkeld'. Er kan ook gekozen worden voor categorieën zoals niet, licht, matig, behoorlijk en sterk.
- **STAP 5: prikkelindicator maken.** Zet deze informatie in het format van de prikkelindicator.
- **STAP 6: experimenteren.** Experimenteer of de prikkelindicator nauwkeurig genoeg is. Dit kan door op verschillende momenten af te lezen wat de mate van overprikkeling is. Pas aan de hand van deze ervaringen de prikkelindicator aan wanneer dit nodig is.

## Huiswerkopdrachten sessie 3

### Opdracht 1 – aanvullen van de prikkelindicator

Tijdens de sessieoefening hebt u een prikkelindicator gemaakt. Vul deze aan met drie extra signalen van overprikkeling. Het kan helpen betrokken naasten te vragen hoe zij merken dat er sprake is van overprikkeling. Gebruik eventueel bijlage 3.1 van dit werkboek ter inspiratie. Vul de extra signalen bij de uitwerking in, maar zet deze ook bij de prikkelindicator die tijdens de sessieoefening is gemaakt.

Uitwerking:

1) _____

2) _____

3) _____

### Opdracht 2 – toepassen van de prikkelindicator

Het is de bedoeling dat u de prikkelindicator in de praktijk gaat toepassen. Maak voor de komende week driemaal per (werk)dag een inschatting van de mate van overprikkeling. U kunt dit koppelen aan situaties die dagelijks voorkomen zoals ontbijt – lunch – diner of het rijden naar werk – rijden naar huis – tandenpoetsen. Ook kan er een koppeling gemaakt worden met een bezigheid die per dag meermaals voorkomt, bijvoorbeeld het halen van koffie uit de automaat of naar het toilet gaan. U kunt ook gebruik maken van een vaste tijd of een alarm zetten. Noteer per dag de mate van overprikkeling op een schaal van 0 tot 10 (0 = helemaal niet overprikkeld, 10 = sterk overprikkeld). Zet erbij aan welke signalen dit te merken was.

Voorbeelden:

| Dag nr. | Cijfer / ernst overprikkeling | Signalen |
|---|---|---|
| Ontbijt | 3 | Ik kon goed verdragen dat het een rommeltje was |
| Lunch | 7 | Ik had behoefte om alleen een ommetje te maken |
| Diner | 8 | Ik kon niet aan tafel blijven zitten |

| Dag nr. | Cijfer / ernst overprikkeling | Signalen |
|---|---|---|
| 07:00 uur | Sterk overprikkeld | Ik werd bijna huilend wakker, had slecht geslapen |
| 14:00 uur | Matig overprikkeld | Ik ergerde me aan de file |
| 21:00 uur | Matig overprikkeld | Ik deed de muziek uit om geen geluid te horen |

## Huiswerkopdrachten sessie 3

Uitwerking:

| Dag nr. 1 | Cijfer / ernst overprikkeling | Signalen |
|---|---|---|
|  |  |  |
|  |  |  |
|  |  |  |

| Dag nr. 2 | Cijfer / ernst overprikkeling | Signalen |
|---|---|---|
|  |  |  |
|  |  |  |
|  |  |  |

| Dag nr. 3 | Cijfer / ernst overprikkeling | Signalen |
|---|---|---|
|  |  |  |
|  |  |  |
|  |  |  |

| Dag nr. 4 | Cijfer / ernst overprikkeling | Signalen |
|---|---|---|
|  |  |  |
|  |  |  |
|  |  |  |

| Dag nr. 5 | Cijfer / ernst overprikkeling | Signalen |
|---|---|---|
|  |  |  |
|  |  |  |
|  |  |  |

## Opdracht 3 – verminderen van overprikkeling

De prikkelindicator is gemaakt om overprikkeling te verminderen. Hiermee gaat u de volgende sessie aan de slag. Bedenk ter voorbereiding op deze sessie alvast drie manieren die ervoor zorgen dat uw overprikkeling daalt.

> Voorbeelden:
> Ik raak mijn overprikkeling kwijt door …
> - tijdens het autorijden de muziek uit te doen en op de rechterbaan te blijven rijden;
> - een halfuur fanatiek te zwemmen of buiten hard te lopen;
> - een overzicht te maken van wanneer ik welke activiteit ga uitvoeren.

Uitwerking:

Ik raak mijn overprikkeling kwijt door …

1) _____

2) _____

3) _____

## Bijlage 3.1. Overzicht van signalen van overprikkeling

Overprikkeling kan zich uiten in een verandering op het gebied van gedachten, emoties, lichamelijke reacties, gedrag en gevolgen. Hoe overprikkeling zich uit en waar die het meest zichtbaar is, hangt van meerdere zaken af, onder andere van het karakter van een persoon, de levensfase waarin iemand zich bevindt en de regulatiemogelijkheden van emoties en gedrag. Om inzicht te krijgen in mogelijke uitingsvormen volgt hierna een overzicht met voorbeelden.

### Signalen van overprikkeling in gedachten

- Geen overzicht meer hebben. Bijvoorbeeld niet meer weten wat er gedaan moet worden of wat er op het programma staat.
- Moeite krijgen met het maken van keuzes rondom eten, kleding of activiteiten.
- Extra moeite hebben onderscheid te maken tussen hoofd- en bijzaken. Bijvoorbeeld tijdens het maken van een samenvatting het grootste gedeelte van een boek overschrijven. Of op een to-dolijst ook zaken zetten die standaard uitgevoerd worden, zoals douchen en eten.
- Zaken door elkaar halen in het hoofd. Bijvoorbeeld opdrachten aan de verkeerde dagen koppelen.
- Het niet meer zien zitten van activiteiten waar eerder naar uitgekeken werd. Bijvoorbeeld opzien tegen verjaardagsvisites of een uitje.
- Voortdurend denken aan de planning. Bijvoorbeeld steeds bedenken wat er allemaal nog moet gebeuren en checken of bepaalde activiteiten niet over het hoofd gezien worden.
- Meer behoefte hebben aan rust en een rustige omgeving. Bijvoorbeeld de neiging voelen om de muziek uit te doen, spullen weg te doen of alleen te zijn.
- Activiteiten en taken niet meer als mogelijkheden zien maar als 'moeten' ervaren. Vooral zelfopgelegde taken zoals sporten worden dan een verplichting.
- Er niet meer bij zijn met de gedachten.
- Minder genuanceerd en meer zwart-wit denken.
- De neiging opmerken om onredelijk of onbeleefd te willen reageren. Bijvoorbeeld dingen te willen zeggen als 'houd toch je mond' en 'zeur niet zo'.

### Signalen van overprikkeling in emoties

- Toename van irritatie als reactie op prikkels uit de omgeving. Bijvoorbeeld zich sneller ergeren aan geluiden, drukte in de omgeving of mensen die interrumperen.
- Bij tegenslagen eerder gefrustreerd reageren. Bijvoorbeeld wanneer er iets omvalt, als u de trein net mist of wanneer iets kapot gaat.
- Bij geringe aanleiding geëmotioneerd raken. Bijvoorbeeld wanneer iets niet lukt of mislukt, wanneer een product uitverkocht is of spontaan gaan huilen. Vaak kan dan ook niet aangegeven worden wat de specifieke aanleiding van deze emotie is.
- (Meer) angst ervaren. Bijvoorbeeld bang zijn in het donker of meer beren op de weg zien.
- Sneller reageren met somberheid. Bijvoorbeeld wanneer iets niet lukt denken 'het gaat ook altijd mis' en 'ik kan er maar beter helemaal mee stoppen'.

### Signalen van overprikkeling in lichamelijke reacties

- Toename van in- of doorslaapproblemen zonder duidelijke aanleiding.
- Ontstaan of toename van lichamelijke klachten. Bijvoorbeeld meer hoofdpijn en meer gespannen nek- en schouderspieren.
- Toename van lichamelijke onrust. Bijvoorbeeld in de vorm van plukken en friemelen, krabben aan korstjes, per ongeluk kapot maken van pennen, trillen met de benen en bijten van nagels.
- Moeite hebben lichamelijke sensaties te verdragen. Bijvoorbeeld bepaalde truien te kriebelig vinden en strelingen niet (meer) kunnen verdragen.
- Minder goed in staat zijn lichamelijke prikkels te registreren. Bijvoorbeeld gemakkelijk een dag niet eten, geen tijd nemen om naar het toilet te gaan en doorwerken terwijl u zich niet lekker voelt.
- Externe prikkels als meer intens ervaren. Bijvoorbeeld geluiden harder ervaren, licht feller en geuren/smaken scherper.

### Signalen van overprikkeling in gedrag

- Toename van concentratieproblemen en extra afgeleid worden.
- Extra chaotisch zijn. Bijvoorbeeld herhaaldelijk dubbele afspraken maken, spullen vergeten en het gevoel hebben constant achter de feiten aan te lopen.
- Toename van motorische en verbale onrust. Bijvoorbeeld het hoogste woord voeren tijdens verjaardagen en moeite hebben om te ontspannen.
- Toename van impulsiviteit, zoals anderen in de rede vallen.
- Minder geduldig zijn dan doorgaans. Bijvoorbeeld moeite hebben rustig in de rij te wachten.
- Meer behoefte te hebben aan afzondering. Bijvoorbeeld eerder willen vertrekken bij visites en afspraken af willen zeggen.
- Het niet kunnen verdragen van bijvoorbeeld rommel of openstaande taken en dan relatief veel tijd besteden aan weinig relevante activiteiten. Denk bijvoorbeeld aan het wassen van de auto of wegbrengen van een horloge voor vervanging van de batterij, terwijl dit geen prioriteit heeft.
- Toename van dwanghandelingen, zoals het meer gaan schoonmaken en zichzelf controleren.
- Toename van 'onhandig' gedrag. Bijvoorbeeld zich vaker stoten, struikelen, iets uit de handen laten vallen of taken in een onhandige volgorde uitvoeren.

### Signalen van overprikkeling in de gevolgen van gedrag

- Toename van negatieve opmerkingen en correcties uit de omgeving. Bijvoorbeeld 'doe niet zo druk', 'ben je dat nou alweer vergeten' en 'kun je voortaan nadenken voordat je iets zegt?'
- Toename van boetes of herinneringen, bijvoorbeeld omdat facturen te laat betaald zijn en er verkeersovertredingen zijn begaan.
- Toename van faalervaringen. Bijvoorbeeld een formulier terugkrijgen omdat er iets over het hoofd gezien is of een bericht in de verkeerde groepsapp schrijven.
- Herhaaldelijk dezelfde fout maken en in bekende valkuilen stappen.

## Bijlage 3.2. Format prikkelindicator

*Mate van overprikkeling en uitingen hiervan*

0      2      4      6      8      10

→

**denken**

**emoties**

**lichamelijke sensaties**

**gedrag**

**gevolgen**

## Bijlage 3.3. Voorbeeld prikkelindicator

*Mate van overprikkeling en uitingen hiervan*

| | **geen/niet** | **licht** | **matig** | **behoorlijk** | **sterk** |
|---|---|---|---|---|---|

→

**denken**
- gemakkelijk kunnen schakelen
- moeite met veranderingen
- tegen activiteiten opzien
- chaos!
- moeite met kiezen
- constant lijstjes maken
- niet meer in staat te kiezen
- genuanceerd kunnen denken
- soms afgeleid
- zwart-wit denken
- geen concentratie

**emoties**
- tegenslagen als uitdaging zien
- 's nachts bang zijn
- huilbui om niets
- vrolijk, humoristisch, scherpe grapjes maken
- dingen betrekken op jezelf
- ergeren aan files & geluiden

**lichamelijke sensaties**
- geen lichamelijke onrust
- korstjes in gezicht openkrabben
- 's nachts wakker liggen
- kleding zit niet lekker
- geen aanrakingen kunnen verdragen

**gedrag**
- heel rustig rijden in de auto
- dubbele afspraken maken
- afspraken af (willen) zeggen
- genieten van de omgeving
- omgeving niet meer zien
- niet kunnen wachten
- concentratie zeer slecht
- schelden
- vreemden helpen en tijd voor mensen maken
- geen pauzes nemen
- alles haastig doen
- post niet openmaken / taken uitstellen

**gevolgen**
- complimenten krijgen
- overal blauwe plekken
- kritiek van anderen
- aanmaningen krijgen
- boetes krijgen

# Sessie 4.
# Verminderen van prikkels en overprikkeling

**Agenda sessie 4**
- Inleiding
- Huiswerkbespreking
- Themabespreking: verminderen van prikkels en overprikkeling
- Sessieoefening: prikkelindicator aanvullen met slim gedrag
- Huiswerkopdrachten

## Inleiding

In sessie 3 heeft u een start gemaakt met het opstellen van een zogenaamde persoonlijke prikkelindicator: een instrument dat het gemakkelijk maakt om de mate van overprikkeling in te schatten. Tijdens het bespreken van het huiswerk wordt aandacht besteed aan of het u gelukt is en hoe om de prikkelindicator in de praktijk te gebruiken. Mogelijk dat hier verbeteringen voor de prikkelindicator uit naar voren komen. Het doel van de prikkelindicator is om op tijd in te kunnen grijpen wanneer u bemerkt overprikkeld te zijn. In deze sessie staat dan ook centraal hoe u prikkels en overprikkeling kunt verminderen. Tijdens de themabespreking zullen verschillende mogelijkheden om dit te doen besproken worden. Tijdens de sessieoefening wordt de persoonlijke prikkelindicator uitgebreid met zogenaamd 'slim gedrag'. De huiswerkopdrachten zorgen ervoor dat u kunt oefenen met het toepassen van de uitgebreide prikkelindicator in de praktijk.

## Themabespreking sessie 4: verminderen van prikkels en overprikkeling

In de eerdere sessies is besproken wat de symptomen van ADHD (kunnen) zijn en is in kaart gebracht hoe overprikkeling zich kan uiten in gedachten, emoties, lichamelijke reacties, gedrag en gevolgen. Dit inzicht is nodig om vervolgens gedrag te vertonen dat prikkels en overprikkeling stopt of vermindert: het zogenaamde 'slimme gedrag'. Onderstaand stappenplan kan hierbij helpen. Een voorbeeld van een uitgebreide prikkelindicator vindt u in bijlage 4.3 van dit werkboek.

- **STAP 1: mate van overprikkeling inschatten.** Bedenk waar u zich op de schaal van overprikkeling bevindt. Pak indien nodig de prikkelindicator erbij om dit in te kunnen schatten. Ga door naar stap 2 als u hoog scoort op de schaal. Dat is vanaf 6 op een schaal van 0–10 en vanaf matig op een schaal van niet tot ernstig.

- **STAP 2: prikkels verminderen.** Bedenk welke prikkels verminderd kunnen worden zodat overprikkeling stopt. Gebruik ter inspiratie bijlage 4.1 van dit werkboek.
- **STAP 3: dalen op de schaal.** Bedenk welk gedrag toegepast kan worden zodat uw gevoel van overprikkeling daalt. Gebruik ter inspiratie bijlage 4.2 van dit werkboek.
- **STAP 4: voornemen voor de toekomst.** Evalueer hoe het slimme gedrag in de praktijk heeft gewerkt, en maak een plan om het specifieke voorbeeld in de toekomst te voorkomen.

## Overzicht van manieren om prikkels en overprikkeling te verminderen

- **Verminderen van visuele prikkels.** Alles wat in de omgeving de aandacht kan trekken geeft ook prikkels. Het verminderen van visuele prikkels kan overprikkeling stoppen en zorgt voor een lager basisniveau van prikkels. Eén manier is het wegdoen van spullen, maar ook het opbergen ervan, het liefst in zo veel mogelijk dichte en ondoorzichtige opbergplaatsen, kan al helpen. Ervoor zorgen dat spullen in de omgeving een neutrale kleur hebben brengt ook rust.
- **Verminderen van auditieve prikkels.** Geluiden kunnen worden verminderd door bijvoorbeeld ramen en deuren te sluiten en apparaten uit te zetten. Ook kan het helpen om te luisteren welke leef-geluiden er in de omgeving aanwezig zijn. Er kan dan een plan gemaakt worden om deze aan te pakken. Het oplossen van gebreken kan helpen om geluiden aan te pakken die naar voren komen wanneer iets verouderd is of stuk gaat.
- **Verminderen van prikkels rondom activiteiten.** De ene activiteit zorgt voor merkbaar meer prikkels dan de andere. Zo is zwemmen op het strand meestal rustiger dan in een binnenzwembad en is een bezoek aan een museum meestal minder prikkelrijk dan een bezoek aan een pretpark. Het is verstandig om na te gaan wat de mate van overprikkeling is en dan te kiezen welke activiteiten hierbij passen. Vaak varieert de hoeveelheid prikkels van een activiteit gedurende de week of met het jaargetijde. Het kan dan handig zijn om voor een specifieke dag of tijd te kiezen, bijvoorbeeld op maandagmiddag naar de stad gaan. Wanneer een activiteit veel prikkels met zich meebrengt maar niet vermeden kan worden, kan gekeken worden of deze in stappen uitgevoerd kan worden en/of de duur hiervan beperkt kan worden. Het inplannen van voldoende rustmomenten voor en na een activiteit zorgt ervoor dat de overprikkeling afneemt.
- **Vragen om aanpassing van de communicatie.** Wanneer een mogelijke ontlading dreigt, kan het zinvol zijn dit aan te geven aan betrokken naasten. Zij kunnen ervoor zorgen dat zij met minder prikkels communiceren. Dit kan bijvoorbeeld door alleen de hoogstnodige informatie te geven en irrelevante details en andere boodschappen achterwege te laten. Ook kan de manier van communiceren aangepast worden door een lager volume, een meer monotone stem en minder ondersteunende gebaren te gebruiken.
- **Ontladen van overprikkeling / ontspannen.** Het verminderen van prikkels zorgt ervoor dat de toename van overprikkeling gestopt wordt. Dit betekent echter niet dat iemand met ADHD onmiddellijk niet meer overprikkeld is; het dalen op de prikkelindicator kost nou eenmaal tijd. Sommige activiteiten zorgen ervoor dat de overprikkeling sneller daalt. Welke activiteiten dit zijn, is individueel bepaald

en hangt onder andere af van het karakter van de persoon. Voor sommigen helpt het om ontspanningsactiviteiten uit te voeren, zoals ademhalings- en yogaoefeningen. Andere activiteiten zijn misschien niet bedoeld als ontspanning maar hebben wel dit effect omdat er weinig mentale inspanning voor nodig is. Denk bijvoorbeeld aan het kijken naar een film, het lezen van een boek of het bezoeken van de sauna. Ook sporten kan spanning verminderen, alhoewel dit vaak pas erna optreedt. Het zoeken van sociaal contact om steun te krijgen en van zich af te praten kan hier ook onder vallen.

## Huiswerkopdrachten sessie 4

### Opdracht 1 – aanvullen van de prikkelindicator

Tijdens de sessieoefening hebt u de prikkelindicator aangevuld met slim gedrag dat voor vermindering van prikkels en overprikkeling kan zorgen. Vul deze aan met drie extra vormen van slim gedrag. In bijlage 4.1 en 4.2 van dit werkboek staan voorbeelden. Het kan helpen betrokken naasten te vragen hoe zij denken dat u minder overprikkeld kunt raken. Schrijf de extra vormen van slim gedrag bij de uitwerking op, maar voeg ze ook toe aan de prikkelindicator die tijdens de sessieoefening gemaakt is.

Uitwerking:

1) _____

2) _____

3) _____

### Opdracht 2 – inschatten van de mate van overprikkeling en het toepassen van slim gedrag

Het is de bedoeling dat u de uitgebreide prikkelindicator in de praktijk gaat toepassen. Maak komende week elke (werk)dag één keer een inschatting van de mate van overprikkeling. Dit kan bijvoorbeeld gekoppeld zijn aan een specifiek moment maar ook aan een vast tijdstip. Het kan helpen om voor een herinnering te zorgen, zoals het zetten van een alarm. Zo vergeet u niet deze opdracht uit te voeren. Schrijf per dag de situatie en de mate van overprikkeling op, op een schaal van 0 tot 10 (0 = helemaal niet overprikkeld, 10 = sterk overprikkeld). Bedenk hierna welk gedrag uitgevoerd kan worden om overprikkeling te verminderen en pas dit toe. Beschrijf het effect hiervan door opnieuw een cijfer te geven voor de mate van overprikkeling op een schaal van 0 tot 10 (0 = helemaal niet overprikkeld en 10 = sterk overprikkeld). Ook categorieën mogen gebruikt worden (niet, licht, matig, behoorlijk, ernstig).

Voorbeelden:

| Dag en moment | Cijfer / ernst overprikkeling | Toegepaste slim gedrag | Effect |
|---|---|---|---|
| Dag 1 Naar huis rijden rond 17:00 uur | 8 | De radio uitgedaan en rustig op de rechterbaan blijven rijden | Bij thuiskomst 7 overprikkeld |
| Dag 2 Vergadering 15:00 uur | Ernstig overprikkeld (hoofdpijn) | De vergadering uitgegaan onder het mom van een 'verplicht telefoontje', 15 minuten buiten gewandeld | Overprikkeling daalde naar 'matig' |
| Dag 3 Verjaardag 21:00 uur | 9 | Buiten in tuin gaan zitten en alleen een-op-eengesprekken gevoerd | Rond 24:00 uur 5 overprikkeld |

Uitwerking:

| Dag en moment | Cijfer / ernst overprikkeling | Toegepaste slim gedrag | Effect |
|---|---|---|---|
| Dag 1 | | | |
| Dag 2 | | | |
| Dag 3 | | | |
| Dag 4 | | | |
| Dag 5 | | | |

### Opdracht 3 – verminderen van de prikkels in de communicatie

Bespreek met een van uw betrokken naasten of er situaties zijn waarin het verminderen van prikkels in de communicatie nodig is. Spreek ook een signaal af waardoor de ander begrijpt dat er van hem of haar verwacht wordt om minder prikkels af te geven, bijvoorbeeld door een handgebaar te maken of iets te zeggen. Beschrijf de afspraken die u gemaakt hebt, en geef een voorbeeld van de toepassing ervan.

# SESSIE 4. VERMINDEREN VAN PRIKKELS EN OVERPRIKKELING

Voorbeelden:

Gesproken: partner
- Situatie waarin geregeld sprake is van overprikkeling: thuiskomen van werk
- Gemaakte afspraak: partner vraagt hoe overprikkeld ik ben op een schaal van 0 tot 10. In het geval van een 8 of hoger zet ze de muziek uit, gaat ze zachter praten en benoemt ze minder details.
- Uitvoering en effect: eenmalig gevraagd, de overprikkeling daalde naar 6.

Gesproken: goede vriendin
- Situatie waarin geregeld sprake is van overprikkeling: afspreken in een café
- Gemaakte afspraak: wanneer ik aangeef dat mijn hoofd erg vol zit, zoeken we een rustige locatie om af te spreken.
- Uitvoering en effect: de laatste keer gewandeld in een rustig park, waardoor ik meer genoot van de ontmoeting.

Uitwerking:

Gesproken: _____

Situatie waarin geregeld sprake is van overprikkeling: _____

Gemaakte afspraak: _____

Uitvoering en effect: _____


Gesproken: _____

Situatie waarin geregeld sprake is van overprikkeling: _____

Gemaakte afspraak: _____

Uitvoering en effect: _____

## Bijlage 4.1. Mogelijkheden om prikkels te verminderen

### Verminderen van visuele prikkels

- **Wegdoen en opbergen.** Een simpele manier om visuele prikkels te verminderen is het verwijderen van spullen. Kleine voorbeelden zijn het weghalen van koelkastmagneten, verminderen van spullen in de vensterbank en het weggooien van tijdschriften. Voorbeelden die meer werk vereisen zijn het ontruimen van de eetkamertafel en het bedenken welke spullen in de woon-/slaapkamer opgeborgen kunnen worden. Regelmatig stilstaan bij wat weg kan, helpt om het bij te houden.
- **Ordenen van spullen.** Door spullen van dezelfde categorie bij elkaar te zetten vermindert de totale hoeveelheid prikkels. Zet bijvoorbeeld alle boeken in de boekenkast, en maak eventueel een apart gedeelte voor 'nog niet gelezen boeken' en 'geleende boeken'.
- **Uit het zicht plaatsen.** Hoewel het leuk is om sommige zaken af en toe te zien, is het rustiger om ze niet altijd te zien. Het kan bijvoorbeeld helpen om een mooie poster aan de binnenkant van een kastdeur te plakken of een fotocollage op het toilet te hangen in plaats van op een plek die altijd zichtbaar is.
- **Gebruik van dichte/ondoorzichtige opbergplaatsen.** Gebruik van open kasten geeft gezelligheid maar ook overprikkeling. Het is dan handiger om gebruik te maken van dichte kasten en vervolgens gezelligheid te creëren middels een plant, wat foto's of iets anders persoonlijks. Kies voor ondoorzichtige opbergboxen, en voorzie deze voor het gemak van een etiket waarop staat wat zich in de doos bevindt.
- **Gebruik van (rustige) kleuren.** Kleur kan warmte met zich meebrengen maar geeft ook prikkels. Maak vooral gebruik van kleur bij zaken die de aandacht zouden moeten trekken, zoals een mooi schilderij, een zelfgemaakt kussen of foto's. Geef spullen met een primaire functie juist een neutrale tint zoals wit, taupe of zwart. Dit zijn bijvoorbeeld de gordijnen, meubels en spullen op het aanrecht.
- **Demp de intensiteit van licht.** Zorg ervoor dat de lichtintensiteit aangepast kan worden wanneer dit nodig is. Dit kan bijvoorbeeld door dimmers te plaatsen. Pas het lichtniveau op telefoon of tablet ook regelmatig aan of stel dit in via een timer. Het vaker gebruiken van een zonnebril kan ook helpen.

### Verminderen van auditieve prikkels

- **Uitdoen / blokkeren van geluiden.** Een gemakkelijke manier om auditieve prikkels te verminderen is het uitzetten van bijvoorbeeld radio, televisie, afzuigkap of de ventilator van de badkamer. Sluit eventueel ramen en deuren. Vraag een huisgenoot die tv-kijkt een koptelefoon te gebruiken. Maak eventueel gebruik van oordoppen of een koptelefoon met noisecancelling om geluiden te dempen.
- **Dempen van leef-geluiden.** Leef-geluiden in huis kunnen gedempt worden. Dit kan bijvoorbeeld door het plaatsen van kleine rubberen dopjes in kastposten, het kiezen van een nieuwe deurbel en het plaatsen van viltjes onder stoelen die vaak verschoven worden. Ook kan het helpen om binnenshuis de schoenen uit te doen en in bepaalde ruimtes een vloerkleed neer te leggen.

- **Gebreken oplossen.** Oude of kapotte spullen maken extra geluiden, die vaak simpel op te lossen zijn. Denk bijvoorbeeld aan het smeren van een piepende deur, het vastzetten van glas dat trilt en het plaatsen van een viltje onder een meubel- of decoratiestuk dat rammelt. Wees ook alert op geluiden die elektrische apparaten of adapters met zich meebrengen. Ook de eigen werkplek of auto kan kritisch bekeken worden op geluiden die er niet horen te zijn.

### Verminderen/vermijden van prikkels rondom activiteiten

- **Kies de beste tijd en dag.** Hoewel de meeste activiteiten altijd prikkels met zich meebrengen, zijn er momenten waarop dit minder het geval is dan gemiddeld. Het bezoeken van woon-/kledingwinkels kan bijvoorbeeld het beste gedaan worden op een maandagmiddag of dinsdagochtend, terwijl het doen van boodschappen op vrijdagavond juist het minst prikkelrijk is. Bedenk of activiteiten die veel geluid produceren, zoals grasmaaien, niet beter op een ander moment uitgevoerd kunnen worden.
- **Kies de beste soort en locatie.** De ene activiteit brengt minder prikkels met zich mee dan de andere. Een bezoek aan de dierentuin is meestal rustiger dan een bezoek aan een pretpark. Binnen dezelfde categorie kunnen activiteiten ook verschillen in prikkels, bijvoorbeeld omdat deze een andere locatie hebben. Zo is wandelen in het bos meestal rustiger dan wandelen in het stadspark. Kies bij overprikkeling voor buitenactiviteiten en vermijd binnenzwembaden en overdekte winkelcentra. Sommige activiteiten hebben zo veel prikkels in zich dat deze beter in het geheel vermeden kunnen worden. Voorbeelden hiervan zijn casino's en kermissen.
- **Houd het aantal beperkt.** Het kan handig lijken om activiteiten achter elkaar te plannen. Te veel prikkelrijke activiteiten achter elkaar geeft echter een hogere kans op ontlading. Bedenk eventueel een alternatief of splits de activiteiten.
- **Houd de duur beperkt of zeg af.** Activiteiten die doorgaans energie geven, kunnen in energiezuigers veranderen wanneer iemand overprikkeld is. Op die momenten is vaak alles te veel. Schroom niet om activiteiten zoals een verjaardagsvisite af te zeggen, en stel een alternatief voor, zoals het een-op-een vieren van een verjaardag. Houd de duur beperkt van activiteiten die niet afgezegd kunnen worden.
- **Plan rustmomenten.** Soms geeft een activiteit veel prikkels, maar levert die ook iets op. Bijvoorbeeld omdat het plezier geeft, contacten aangehaald worden of omdat het een unieke kans is om te doen. Het inplannen van (extra) rustmomenten voor en na de activiteit kan dan helpen. Bijvoorbeeld na een concertbezoek of vakantie een dag niets inplannen en 'rust' houden.
- **Onderbreek activiteiten of deel ze op.** Het is bij de meeste activiteiten geen noodzaak deze in één keer achter elkaar uit te voeren. Deel taken zoals het maaien van het gras of het ondernemen van een treinreis gerust op. Activiteiten die de hele dag duren kunnen ook onderbroken worden. Een bruiloftsdag kan rustig onderbroken worden door een wandeling te maken.

### Vragen om vermindering van prikkels in de communicatie

Communicatie kan veel prikkels met zich meebrengen. In het geval van overprikkeling is het zinvol betrokken naasten te vragen om de manier van communiceren aan te passen. Het is dan nodig dat u kunt aangeven wanneer er sprake is van overprikkeling. Dit kan bijvoorbeeld door te zeggen 'mijn hoofd zit vol' of 'op een schaal van 0 tot 10 voel ik me een 8'. Betrokken naasten kunnen zelf ook het initiatief nemen om te vragen naar de mate van overprikkeling. Ook kunnen zij leren overprikkeling te herkennen aan uw gedrag. Het bespreken van de prikkelindicator kan ook helpen. Prikkels in de communicatie verminderen kan op de volgende manieren:

- **Alleen noodzakelijke informatie.** Hoewel het gezellig is om bij thuiskomst verhalen over de dag uit te wisselen, levert dit bij overprikkeling vaak eerder spanning op dan gezelligheid. Communiceer bij overprikkeling alleen het hoogstnodige, en stel andere communicatie uit tot een later moment.
- **Kort en krachtig.** Vraag bij overprikkeling irrelevante details achterwege te laten. Bijvoorbeeld 'ik ben vandaag om 22:00 uur thuis van tennisles omdat ik een teamgenoot thuis moet brengen' in plaats van 'omdat er iemand van tennis op vakantie is waarmee een ander altijd meerijdt omdat zij zelf geen auto heeft, heeft ze mij gevraagd of ik haar thuis kan brengen en omdat zij helemaal aan de andere kant van de stad woont, ben ik een half uur later thuis'.
- **Zo rustig mogelijk.** Prikkels verminderen in de communicatie kan ook door het stemvolume aan te passen, variatie in toonhoogte te verminderen en het achterwege laten van ondersteunende gebaren en gezichtsuitdrukkingen. In het algemeen geldt: vraag of iemand de boodschap zo rustig, zacht en neutraal mogelijk wil overbrengen.

## Bijlage 4.2. Verminderen van overprikkeling / leren ontspannen

Wanneer slim gedrag uitgevoerd is om prikkels in de omgeving te verminderen, betekent dit niet dat iemand met ADHD terstond niet meer overprikkeld is. Het dalen op de prikkelindicator kost nou eenmaal tijd. Het toepassen van slim gedrag dat ervoor zorgt dat iemand sneller daalt op de prikkelindicator kan helpen. Hierna wordt een aantal mogelijkheden en voorbeelden beschreven.

- **Actief ontspannen.** Onder actief ontspannen vallen activiteiten die bedoeld zijn om tot rust te komen. Denk aan het uitvoeren van ademhalings-, progressieve-relaxatie- en bodyscanoefeningen. Ook meditatie en yoga vallen hieronder. Tevens zijn er tal van andere creatieve manieren te bedenken om te ontspannen en niets anders te doen, zoals staren naar een witte muur, op de bank liggen met de ogen dicht en naar een luisterboek luisteren.
- **Passief ontspannen.** Onder passief ontspannen vallen activiteiten die niet als doel hebben tot rust te komen, maar toch dat effect hebben omdat ze weinig mentale inspanning vereisen. Welke activiteiten dit zijn is voor iedereen anders. Voorbeelden zijn kijken naar een film, creatief bezig zijn zoals haken of schilderen, puzzelen in een puzzelboek en een tijdschrift doorbladeren. Rommelen in en om het huis door bijvoorbeeld op te ruimen kan ook ontspannend zijn wanneer dit zonder tijdsdruk uitgevoerd wordt. Buitenshuis kan gedacht worden aan wandelen, werken in de tuin, klussen aan de auto of een bezoek aan een sauna.
- **Sportactiviteiten.** Van sporten is bekend dat dit gebruikt kan worden om spanning te verminderen, hoewel die daling vaak pas ná het sporten optreedt. Maak bij overprikkeling een juiste keuze voor sportactiviteiten. Sportactiviteiten die individueel en in de buitenlucht plaatsvinden geven meestal minder overprikkeling dan teamsporten in een sporthal. Zo zal hardlopen en wielrennen minder prikkels afgeven dan bijvoorbeeld zaalvoetbal.
- **Sociaal contact.** Sociale activiteiten brengen prikkels met zich mee maar leveren vaak ook iets op. Iemand kan zich gezien en gehoord voelen, krijgt steun en het uiten van frustraties kan opluchten. Het contact kan het beste plaatsvinden in een prikkelarme omgeving.

# Bijlage 4.3. Voorbeeld uitgebreide prikkelindicator

*Mate van overprikkeling en manieren om prikkels en/of overprikkeling te verminderen*

| | geen/niet | licht | matig | behoorlijk | sterk |
|---|---|---|---|---|---|
| **denken** | gemakkelijk kunnen schakelen | | moeite met veranderingen | tegen activiteiten opzien | chaos! |
| | | | moeite met kiezen | constant lijstjes maken | niet meer in staat te kiezen |
| | genuanceerd kunnen denken | soms afgeleid | | zwart-wit denken | geen concentratie |
| **emoties** | tegenslagen als uitdaging zien | | | 's nachts bang zijn | huilbui om niets |
| | vrolijk, humoristisch, scherpe grapjes maken | | dingen betrekken op jezelf | ergeren aan files & geluiden | |
| **lichamelijke sensaties** | geen lichamelijke onrust | | | korstjes in gezicht openkrabben | 's nachts wakker liggen |
| | | | | kleding zit niet lekker | geen aanrakingen kunnen verdragen |
| **gedrag** | heel rustig rijden in de auto | | dubbele afspraken maken | | afspraken af (willen) zeggen |
| | genieten van de omgeving | omgeving niet meer zien | niet kunnen wachten | concentratie zeer slecht | schelden |
| | vreemden helpen en tijd voor mensen maken | Geen pauzes nemen | alles haastig doen | post niet openmaken / taken uitstellen | |
| **gevolgen** | complimenten krijgen | | blauwe plekken (ongelukjes) | | kritiek van anderen |
| | | | aanmaningen krijgen | | boetes krijgen |
| | **geen/niet** | **licht** | **matig** | **behoorlijk** | **sterk** |
| **slim gedrag** | | | in een rustige omgeving afspreken | afspraken inkorten | afspraken afzeggen |
| | | | opruimen | muziek uit laten | oordopjes in |
| | | | | sporten op tijd naar bed | alleen film kijken |
| | | | ontspannen (tijdschrift, muziek) | ontspanningsoefeningen | stoppen van communicatie |

# Sessie 5. Invloed van gedachten op gedrag

> **Agenda sessie 5**
> - Inleiding
> - Huiswerkbespreking
> - Themabespreking: invloed van gedachten op gedrag
> - Sessieoefening: omzetten van disfunctionele gedachten en inzetten van een slim gedragsplan
> - Huiswerkopdrachten

## Inleiding

In de eerste vier sessies van deze behandeling hebt u gewerkt aan het krijgen van inzicht in ADHD. Ook hebt u geleerd om prikkels en overprikkeling te verminderen. Tijdens de huiswerkbespreking wordt stilgestaan bij de vraag of het u gelukt is om prikkels te verminderen en wat het effect hiervan was. Hoewel er in de komende sessies andere thema's besproken worden, komen het ADHD-model en de prikkelindicator nog regelmatig terug. Het is van belang dat u deze aangeleerde vaardigheden blijft inzetten.

In de komende sessies staat centraal: het aanleren of verbeteren van vaardigheden waar mensen met ADHD moeite mee kunnen hebben. Omdat het aanleren van nieuw, ander gedrag lastig is, wordt in deze sessie besproken hoe u dit het beste aan kunt pakken. Het uitgangspunt hierbij is dat er naast het aanleren van nieuwe vaardigheden ook belemmerende gedachten over het oude en nieuwe gedrag opgespoord moeten worden. U leert deze zogenaamde 'disfunctionele' gedachten te vervangen door realistische gedachten. Dit helpt u om ander gedrag te vertonen. Tijdens de themabespreking wordt een stappenplan gepresenteerd om succesvol nieuw gedrag aan te leren. Dit stappenplan loopt u tijdens de sessieoefening door, zodat u hier alvast mee kunt oefenen. De huiswerkopdrachten zorgen ervoor dat u hier ook thuis mee aan de slag kunt gaan.

## Themabespreking sessie 5: invloed van gedachten op gedrag

Het leren van ander, nieuw gedrag blijkt in de praktijk vrij moeilijk te zijn. Niet voor niets falen goede voornemens dan ook regelmatig. De kunst is dan ook niet alleen het aanleren van nieuw, maar ook het afleren van het oude gedrag. Het oude gedrag heeft vaak zo veel voordelen dat het lastig is om hier niet in terug te vallen. Het helpt dan om te zorgen dat het nieuwe gedrag dezelfde voordelen heeft. Ook helpt het om te bedenken wat de nadelen van het oude gedrag zijn en wat de motivatie is om ander, nieuw gedrag te gaan vertonen. Ten slotte is het nodig om te bedenken welke aanvullende handelingen nodig zijn om het nieuwe gedrag te kunnen uitvoeren. Een valkuil bij dit alles is dat er te veel op gedrag gefocust wordt. Gedrag staat namelijk niet op zichzelf, maar wordt gestuurd door gedachten over het gedrag. Een mooi plan om nieuw gedrag uit te voeren kan gemakkelijk ondermijnd worden door gedachten als *'vandaag is een uitzondering'*, *'ik heb het verdiend om het even gemakkelijker te doen'* en *'ik zit vandaag niet lekker in mijn vel, dus het lukt nu niet'*. Het signaleren van dit soort disfunctionele gedachten geeft de mogelijkheid om deze te vervangen door realistischer en helpender gedachten. Denk bijvoorbeeld aan gedachten als *'ik mag een uitzondering maken, maar laat dit dan wel een echte uitzondering van eenmaal per maand zijn'* en *'ik zit misschien niet lekker in mijn vel, maar door mij aan mijn goede voornemens te houden voel ik me juist beter'*.

Uiteraard geldt het toepassen van bovenstaande adviezen voor iedereen die ander gedrag wil aanleren. Er zijn echter een aantal redenen waarom dit besef voor mensen met ADHD extra belangrijk is. Vanwege het ontbreken van innerlijke rust zullen mensen met ADHD minder geneigd zijn vanzelf bij het bovenstaande stil te staan. Daarnaast maakt impulsiviteit dat er geen aandacht is voor het bedenken van de voor- en nadelen voordat het specifieke gedrag uitgevoerd wordt. Dit leidt eerder tot faalervaringen. Ten slotte hebben mensen met ADHD door hun levenservaringen meer disfunctionele gedachten ontwikkeld, die ervoor zorgen dat zij gemakkelijker in dezelfde valkuilen blijven stappen. Voorbeelden hiervan zijn: *'ik heb nu geen concentratie, dus ik kan dit beter een andere keer doen'* en *'die taak komt straks wel'*. Deze gedachten zijn niet realistisch, omdat de afleidbaarheid ervoor zorgt dat 'straks' of 'een andere keer' nooit komt. Het helpt dan om deze disfunctionele gedachten op te sporen en te veranderen. In bijlage 5.1. van dit werkboek staan voorbeelden hoe u dit kunt doen. Om het gemakkelijker te maken om bovenstaande adviezen toe te passen is een stappenplan bedacht waarmee u gemakkelijker tot realistische gedachten en een slim gedragsplan kunt komen.

## Stappenplan 'ander gedrag'

**Stap 1a. Oud gedrag.** Benoem het oude gedrag dat veranderd moet worden zo concreet mogelijk.
**Stap 1b. Motivatie voor het oude gedrag.** Beschrijf mogelijke redenen die het oude gedrag in stand houden. Dit zijn vaak voordelen van dit gedrag.
**Stap 1c. Disfunctionele gedachten over het oude gedrag.** Onderzoek welke overtuiging u hebt die het oude gedrag in stand houdt.
**Stap 2a. Nieuw gedrag.** Beschrijf het gewenste gedrag zo concreet mogelijk.
Let erop dat het nieuwe gedrag niet een te grote stap is ten opzichte van het oude gedrag. Kleine stappen vergroten de succeskans.
**Stap 2b. Motivatie voor het nieuwe gedrag.** Beschrijf de voordelen van het nieuwe gedrag.

**Stap 2c. Alternatieven voor de voordelen van het oude gedrag.** Bedenk alternatieven voor de voordelen van het oude gedrag. Zorg ervoor dat deze voordelen ook aanwezig zijn wanneer u het nieuwe gedrag gaat vertonen.

**Stap 2d. Gedragsreeks.** Bedenk welke aanvullende handelingen noodzakelijk zijn voor de uitvoering van het nieuwe gedrag.

**Stap 3. Slim gedragsplan.** Maak een concreet en praktisch plan voor het uitvoeren van het nieuwe gedrag.

**Stap 4. Realistische gedachten voor moeilijke momenten.** Bedenk een realistische en steunende gedachte. Deze kunt u tegen uzelf zeggen op het moment dat u de neiging hebt het oude gedrag te vertonen.

## Uitwerking sessieoefening: stappenplan 'ander gedrag' doorlopen

Beschrijf drie disfunctionele gedachten die u hebt over het veranderen van uw gedrag.

1) _____

2) _____

3) _____

### Stappenplan 'ander gedrag'

Stap 1a: Oud gedrag (zo concreet mogelijk): _____

Stap 1b: Motivatie voor het oude gedrag: _____

Stap 1c: Disfunctionele gedachten over het oude gedrag: _____

Stap 2a: Nieuw gedrag (kleine haalbare stappen): _____

Stap 2b: Motivatie voor het nieuwe gedrag: _____

Stap 2c: Alternatieven voor de voordelen van het oude gedrag: _____

Stap 2d: Gedragsreeks (aanvullende handelingen die nodig zijn om het nieuwe gedrag uit te voeren): _____

Stap 3. Slim gedragsplan (zo concreet mogelijk): _____

Stap 4: Realistische gedachte voor moeilijke momenten: _____

## Huiswerkopdrachten sessie 5

### Opdracht 1 – uitvoering van de sessieoefening

Tijdens de sessieoefening hebt u een stappenplan 'ander gedrag' ingevuld. U hebt de opdracht gekregen het slimme gedragsplan uit te voeren. Beschrijf hoe het u is gelukt dit gedragsplan in de praktijk toe te passen. Vermeld ook of het nodig was de realistische gedachte voor moeilijke momenten toe te passen en beschrijf het effect hiervan.

> *Voorbeeld:*
> *Stap 1a. Oud gedrag: tot op de rand toe vullen van de prullenbak.*
> *Stap 2a. Nieuw gedrag: de prullenbak legen wanneer deze voor ongeveer tachtig procent vol is.*
> *Stap 3. Slim gedragsplan: na het afwassen beoordelen of de prullenbak voor meer dan tachtig procent vol is en dan de vuilniszak meteen vervangen. De volle zakken bij de buitendeur zetten zodat die de volgende ochtend direct in de container gegooid kunnen worden.*
> *Stap 4. Realistische gedachte: 'het verwisselen van de vuilniszak neemt slechts twee minuten in beslag en scheelt een hoop ergernis. Ik voorkom hiermee overvolle, lekkende en stinkende prullenbakken.'*
> *Uitvoering: deze week tweemaal gelukt! Ik ben erachter gekomen dat het inderdaad minder dan twee minuten in beslag neemt. Ik heb de realistische gedachte voor moeilijke momenten tweemaal tegen mezelf gezegd.*
> *Effect: Inmiddels zie ik er al minder tegenop om de vuilniszak te verwisselen.*

Uitwerking:

Uitvoering: _____

Effect: _____

### Opdracht 2 – invullen van het stappenplan 'ander gedrag'

Bedenk een tweede voorbeeld van oud gedrag dat u zou willen aanpakken. Doorloop hiermee het stappenplan 'ander gedrag'. Gebruik hiervoor het formulier in bijlage 5.2 van dit werkboek. Voor voorbeelden kunt u kijken in bijlage 5.3 van dit werkboek. Ter inspiratie staan in bijlage 5.1. van dit werkboek veelvoorkomende disfunctionele gedachten rondom gedragsverandering. Beschrijf hoe de uitvoering van het gedragsplan is verlopen en wat het effect hiervan was.

### Opdracht 3 – toepassen van de prikkelindicator (terugkoppeling van sessie 3 en 4)

Beschrijf minimaal twee momenten in de afgelopen week waarop u de prikkelindicator hebt toegepast. Vermeld de mate van overprikkeling op een schaal van 0 tot 10 (0 = helemaal niet overprikkeld, 10 = sterk overprikkeld). Bedenk passend slim gedrag om overprikkeling te verminderen, en pas het toe. Beschrijf het effect hiervan door opnieuw een cijfer te geven voor de mate van overprikkeling op een schaal van 0 tot 10 (0 = helemaal niet overprikkeld, 10 = sterk overprikkeld). Ook mag u categorieën gebruiken (niet, licht, matig, behoorlijk, ernstig).

Voorbeeld:

| Situatie | Cijfer / ernst overprikkeling | Toegepaste slim gedrag | Effect |
|---|---|---|---|
| Moeilijk gesprek met partner | 8 | 60 minuten hardgelopen en daarna gedoucht | Na afloop 5 overprikkeld |

Uitwerking:

| Dag en moment | Cijfer / ernst overprikkeling | Toegepaste slim gedrag | Effect |
|---|---|---|---|
| | | | |
| | | | |
| | | | |

## Bijlage 5.1. Veelvoorkomende disfunctionele gedachten rondom gedragsverandering

Hieronder zijn een aantal veelvoorkomende disfunctionele gedachten rondom gedragsverandering beschreven. Er zijn ook alternatieve, realistische gedachten gegeven.

### Terugvallen in oud gedrag omdat die dag uitzonderlijk is

**Disfunctionele gedachten:**

- 'Ik heb nu zo'n zware dag gehad dat het even niet lukt om ...'
- 'Vandaag heb ik het wel verdiend om gewoon ...'
- 'Het is vandaag een feestdag / vakantie dus hoef ik nu niet ...'
- 'Vandaag is een uitzondering, want ...'

**Realistische gedachten:**

- 'Er zijn zo veel feest- en vakantiedagen dat het er nooit van komt als ik me nu niet aan mijn goede voornemens houd.'
- 'Een uitzondering moet ook echt een uitzondering blijven van minder dan eenmaal per maand.'
- 'Hoewel ik me nu rot voel, wordt dit gevoel alleen maar sterker als ik oud gedrag vertoon. Door toch het nieuwe gedrag te vertonen is de kans groot dat ik me beter ga voelen.'
- 'Natuurlijk heb ik het verdiend om het mezelf gemakkelijker te maken, maar ik verdien het ook om stappen te zetten. Daarom moet ik nu even volhouden.'
- 'Morgen is niet een meer speciale dag dan vandaag om te beginnen met nieuw gedrag.'

### Starten met het nieuwe gedrag uitstellen

**Disfunctionele gedachten:**

- 'Ik ben nu toch al de mist in gegaan, ik begin morgen maar.'
- 'Ik heb het nog niet goed overdacht, ik kan er beter over een paar dagen mee beginnen.'
- 'Dit is niet echt een mooi markeerpunt om te beginnen met ...'
- 'Vandaag is niet de juiste timing om ...'
- 'Ik heb het nu zo druk, morgen is waarschijnlijk beter om ...'

**Realistische gedachten:**

- 'Ik kan het wel blijven uitstellen, maar daarmee wordt de eerste stap niet gemakkelijker. Ik kan het beter gewoon proberen, dan ben ik in ieder geval al een klein beetje op de goede weg.'
- 'Er is geen goede reden waarom morgen beter zou zijn dan vandaag.'
- 'Speciale dagen zijn ook maar gewoon momenten, 1 januari is een dag net zoals alle andere.'
- 'Niet voor niets luidt het spreekwoord 'van uitstel komt afstel'. Ik kan het beter maar meteen doen.'
- 'Er blijft altijd wel een reden om een voornemen uit te stellen. Nu geen excuses meer maar doen!'

### Opgeven van nieuw gedrag

**Disfunctionele gedachten:**

- 'Het zal me nooit lukken om ...'
- 'Ik heb het nu al zo vaak geprobeerd, het is zinloos om het nog eens te proberen.'
- 'Het is ook niet echt belangrijk om ... het is zonde dat ik daar mijn energie aan besteed.'
- 'Zelfs deze kleine stap lukt niet, dus heeft het geen zin om me verder in te zetten.'

**Realistische gedachten:**

- 'Falen is niet erg zolang ik het gewoon steeds opnieuw blijf proberen.'
- 'Het is juist nodig om het elke keer weer opnieuw te proberen. Het kan namelijk zomaar zijn dat iets in een andere levensfase of op een ander moment wel lukt.'
- 'Het is goed om na te gaan of dit nieuwe gedrag wel echt belangrijk is, maar gebruik het niet als een smoes om iets uit te stellen terwijl je er achteraf toch van baalt.'
- 'Nieuw gedrag en een nieuwe levensstijl aanleren is nou eenmaal moeilijk. Er zitten echter 365 dagen in een jaar, en er komen nog vele jaren. Ik heb dus alle tijd om dit te oefenen. Zelfs als ik muizenstappen zet, ben ik volgend jaar een stuk verder dan nu.'

## Bijlage 5.2. Invulformulier stappenplan 'ander gedrag'

Stap 1a: Oud gedrag (zo concreet mogelijk): _____

_____

Stap 1b: Motivatie voor het oude gedrag: _____

_____

Stap 1c: Disfunctionele gedachten over het oude gedrag: _____

_____

Stap 2a: Nieuw gedrag (haalbare kleine stappen): _____

_____

Stap 2b: Motivatie voor het nieuwe gedrag: _____

_____

Stap 2c: Alternatieven voor de voordelen van het oude gedrag: _____

_____

Stap 2d: Gedragsreeks (aanvullende handelingen die nodig zijn om het nieuwe gedrag uit te voeren): _____

_____

Stap 3. Slim gedragsplan (zo concreet mogelijk): _____

_____

Stap 4: Realistische gedachte voor moeilijke momenten: _____

_____

Uitvoering: _____

_____

Effect: _____

_____

## Bijlage 5.3. Voorbeelden stappenplan 'ander gedrag'

### Voorbeeld 1: opblijven tot na middernacht → op tijd naar bed gaan

**Stap 1a: Oud gedrag.** Meer dan de helft van de week opblijven tot na middernacht.
**Stap 1b: Motivatie oud gedrag.** Ik heb dan meer tijd voor ontspanning zoals een film kijken.
**Stap 1c: Disfunctionele gedachten over het oude gedrag.** 'Ik heb vandaag zo hard gewerkt dat ik het wel verdiend heb om te blijven zitten' en 'slapen is zonde van de tijd'.
**Stap 2a: Nieuw gedrag.** Van zondag tot en met donderdag om 23:00 uur in bed liggen.
**Stap 2c: Motivatie voor het nieuwe gedrag.** Door eerder naar bed te gaan kom ik er de volgende ochtend gemakkelijker uit en voel ik me overdag minder vermoeid. Daarnaast zie ik er beter uit als ik voldoende slaap en ben ik emotioneel stabieler.
**Stap 2c: Alternatieven voor de voordelen van het oude gedrag.** Ervoor zorgen dat er in het weekend voldoende tijd is voor ontspanning. Of de avonden zo indelen dat zowel het ontspannen als het op tijd naar bed gaan mogelijk is. Daarnaast kan het makkelijker zijn om het avondritueel te vervroegen.
**Stap 2d: Gedragsreeks.** Om rond 23:00 uur in bed te kunnen liggen moet ik mezelf vanaf 22:45 uur klaar maken en om 22:30 uur van de bank opstaan.
**Stap 3. Slim gedragsplan.** Het is verstandig om mezelf rond 22:00 uur alvast een seintje te geven dat het bijna tijd is om van de bank op te staan. Hiervoor zet ik een alarm in mijn telefoon. Daarnaast is het slim om na 21:00 uur geen film meer te starten. Ik kan ervoor zorgen dat ik twee avonden in de week rond 20:00 uur op de bank kan zitten om te ontspannen. Tevens kan ik proberen om voor die tijd al gedoucht te hebben zodat ik minder tegen het avondritueel op zie.
**Stap 4: Realistische gedachten voor moeilijke momenten.** 'Op korte termijn is het prettig om op de bank te blijven zitten, maar door nu naar bed te gaan voel je je morgen meer uitgerust, ben je minder emotioneel en zie je er fitter uit. Daarnaast ontspan je ook in je slaap en heb je je slaap hard nodig als je zo hard hebt gewerkt. Het is altijd lastig om van de bank op te staan, maar als je dat nu doet, zul je merken dat het klaarmaken minder tijd kost dan gedacht en lig je straks lekker in je bed.'

### Voorbeeld 2: tandartsbezoek uitstellen → afspraak maken bij de tandarts

**Stap 1a: Oud gedrag.** Uitstellen om een afspraak te maken bij de tandarts.
**Stap 1b: Motivatie oud gedrag.** Vermijden van pijnlijke handelingen in mijn mond, vrije tijd over hebben om te besteden aan ontspanning en voorkomen van een tandartsrekening.
**Stap 1c: Disfunctionele gedachten over het oude gedrag.** 'Ik ben nu zo onrustig in mijn hoofd dat ik dit er even niet bij kan hebben' en 'een tandartsbezoek is nu moeilijk in te plannen op het werk'.
**Stap 2a: Nieuw gedrag.** Binnen een week de tandartspraktijk bellen om een afspraak te maken voor een tandartsbezoek over ongeveer een maand.

**Stap 2b: Motivatie voor het nieuwe gedrag.** Door op tijd een afspraak te maken bij de tandarts worden tandproblemen tijdig gesignaleerd en voorkom ik juist pijnlijke behandelingen en hoge rekeningen.

**Stap 2c: Alternatieven voor de voordelen van het oude gedrag.** Het tandartsbezoek plannen op momenten dat er meer vrije tijd beschikbaar is. Denk bijvoorbeeld aan inplannen in een rustige week of in een week met een extra vrije (feest)dag.

**Stap 2d: Gedragsreeks.** In mijn agenda kijken wat eventueel beschikbare momenten voor het bezoek zijn. Ook het telefoonnummer van de tandarts en zijn openingstijden opzoeken.

**Stap 3. Slim gedragsplan.** Nu in de agenda kijken wanneer ik de tandarts zou kunnen bellen. Ik plan een reservemoment in voor het geval er een te lange wachttijd is. Tevens zoek ik het nummer van de tandarts op en bekijk ik wat mijn eigen mogelijkheden zijn voor het maken van een afspraak. Beide schrijf ik alvast op een briefje dat ik in de hoes van mijn telefoon bewaar.

**Stap 4: Realistische gedachten voor moeilijke momenten.** *'Een tandartsbezoek is niet altijd prettig, maar door dit bij te houden voorkom ik pijnlijke behandelingen en hoge rekeningen in de toekomst. Natuurlijk moet dit in mijn vrije tijd, maar ik kan hier slim mee omgaan door een moment te kiezen in een rustige week. Hoewel ik nu onrustig in mijn hoofd ben, geeft het afhandelen van taken juist ook rust.'*

# Sessie 6. Realistische zelfinschatting maken

**Agenda sessie 6**
- Inleiding
- Huiswerkbespreking
- Themabespreking: realistische zelfinschatting maken
- Sessieoefening: zelfoverschattende gedachten aanpakken
- Huiswerkopdrachten

## Inleiding

In sessie 5 is aandacht besteed aan het veranderen van gedrag. Het aanleren van ander, nieuw gedrag is moeilijk en vereist veel doorzettingsvermogen. Een van de dingen die hierbij kan helpen is om kritisch te leren kijken naar eigen disfunctionele gedachten die onhandig gedrag in stand houden. Vervolgens moeten deze gedachten vervangen worden door realistische gedachten. Iets anders wat helpt is om een zo concreet mogelijk gedragsplan op te stellen. Tijdens het bespreken van het huiswerk komt aan bod of het gelukt is om het nieuwe gedrag te vertonen. Wanneer het nodig is kan extra worden stilgestaan bij het verbeteren van het slimme gedragsplan.
In de komende sessies staat het aanleren of verbeteren van één vaardigheid centraal. In sessie 6 leert u om realistische inschattingen te maken van uw eigen vaardigheden en mogelijkheden. Uit onderzoek komt namelijk naar voren dat mensen met ADHD zichzelf geregeld op verschillende gebieden kunnen overschatten. Dat is jammer, omdat er hierdoor te weinig helpend gedrag toegepast wordt, waardoor succeservaringen uitblijven. Iets om aan te werken dus! Tijdens de sessieoefening wordt de zelfoverschattende gedachte die u het meest herkent aangepakt. Hierdoor lukt het beter om het nieuwe gedrag te vertonen dat met de huiswerkopdrachten wordt geoefend.

## Themabespreking sessie 6: realistische zelfinschatting maken

Hoewel disfunctionele gedachten vaak negatief zijn, werken ook gedachten die te rooskleurig zijn onhandig gedrag in de hand. Wanneer ze zichzelf overschatten bereiden mensen zich minder goed voor op eventuele problemen die kunnen ontstaan. Hierdoor worden er niet op tijd maatregelen genomen om deze problemen te voorkomen. Mensen met ADHD zijn gevoelig voor zelfoverschattende gedachten. Dit komt bijvoorbeeld tot uiting als het gaat om de aandacht en concentratie, het geheugen, de planningsvaardigheden en de controle over het eigen gedrag. In deze sessie staat het opzoeken van deze disfunctionele zelfoverschattende gedachten centraal. Deze worden vervolgens vervangen door realistischer gedachten. Vervolgens kan een slim gedragsplan gemaakt worden om problemen te voorkomen. Hierna worden de meest voorkomende gebieden beschreven waarop mensen met ADHD geneigd zijn zichzelf te overschatten.

- **Overschatting van de aandacht en concentratie.** Hoewel mensen met ADHD zich er bewust van zijn dat zij zich slecht kunnen concentreren, schatten zij hun weerstand tegen afleidbaarheid vaak toch te positief in. Hierdoor nemen ze te weinig maatregelen om afleiding te voorkomen.
  *Disfunctionele gedachte: 'ik kan mijn telefoon heus wel negeren.'*
  *Realistische gedachte: 'eerlijk gezegd heb ik mijn telefoon nog nooit echt kunnen negeren, zelfs als het geluid uit staat, kijk ik nog regelmatig of er berichten zijn.'*
  *Slim gedragsplan: telefoon in een andere ruimte leggen.*

- **Overschatting van het geheugen.** Hoewel mensen met ADHD geen geheugenproblemen hebben, kan het geheugen door afleidbaarheid toch negatief beïnvloed worden. Dingen die onthouden moeten worden, komen vaak op het verkeerde moment naar boven. Doordat iemand zichzelf op dit punt overschat, worden er vaak geen geheugensteunen gebruikt. Dit leidt uiteindelijk tot vergeetachtigheid.
  *Disfunctionele gedachte: 'ik onthoud wel dat ik morgen de huisarts moet bellen om mijn medicatie opnieuw te bestellen.'*
  *Realistische gedachte: 'ik zal morgen vast wel bedenken dat ik de huisarts moet bellen, maar misschien niet op het moment dat bellen mogelijk is. Ik kan dan ook maar beter een geheugensteun inzetten.'*
  *Slim gedragsplan: alarm zetten rond lunchtijd met de naam 'huisarts bellen'.*

- **Overschatting van taakuitvoering & planning.** Doordat mensen met ADHD een matig tijdsbesef hebben, hebben ze moeite met het plannen van taken en activiteiten. Hierbij onderschatten ze vaak de tijd die nodig is voor het uitvoeren van taken.
  *Disfunctionele gedachte: 'ik doe mijn huiswerk straks wel.'*
  *Realistische gedachte: 'straks betekent bij mij nooit, ik kan het beste óf meteen mijn huiswerk maken óf in mijn agenda kijken en inplannen wanneer ik dit kan doen.'*
  *Slim gedragsplan: de taak meteen uitvoeren of de taak direct op een specifieke tijd en manier inplannen in de agenda.*

- **Overschatting van nauwkeurigheid.** De meeste mensen met ADHD weten dat zij gemakkelijk slordigheidsfouten maken en vergeetachtig zijn. Toch overschatten zij hun nauwkeurigheid op de momenten dat het erop aankomt. Hierdoor worden geen strategieën gebruikt om dit te voorkomen.
  *Disfunctionele gedachte: 'volgens mij heb ik alles.'*
  *Realistische gedachte: 'vertrouwen is goed, controle is beter. Ik kan dus wel denken dat ik alles heb, maar ik kan het beter controleren.'*
  *Slim gedragsplan: voordat ik het huis verlaat, controleer ik of ik mijn sleutels, portemonnee en telefoon bij me heb. Voor de zekerheid kan ik een briefje op de buitendeur hangen ter herinnering.*

- **Overschatting van controle over gedrag.** Afleidbaarheid kan maken dat mensen met ADHD moeite hebben om zich aan hun eigen voornemens te houden. Toch overschatten zij de weerstand tegen afleidbaarheid en de controle over het eigen gedrag, waardoor zij gemakkelijk opnieuw in dezelfde valkuilen stappen.

Disfunctionele gedachte: 'ik ga een kwartier ontspannen door televisie te kijken.'
Realistische gedachte: 'die vijftien minuten zijn nog nooit minder dan veertig minuten geworden; het zou dom zijn om hier geen rekening mee te houden.'
Slim gedragsplan: een alarm of timer instellen om de tijd in herinnering te brengen.

## Uitwerking sessieoefening: zelfoverschattende gedachten aanpakken

Gebeurtenis: _____

Disfunctionele gedachte: _____

_____

Gedragsneiging: _____

Gevolg: _____

Realistische gedachte: _____

_____

Slim gedragsplan: _____

_____

## Huiswerkopdrachten sessie 6

### Opdracht 1 – uitvoering van de sessieoefening

Tijdens de sessieoefening hebt u een G-schema ingevuld om zelfoverschatting aan te pakken. Dit schema staat beschreven bij de uitwerking van de sessieoefening. U hebt de opdracht gekregen het slimme gedragsplan uit te voeren. Beschrijf hoe het u is gelukt dit gedragsplan toe te passen in de praktijk. Noteer ook wat het effect hiervan is geweest.

> Voorbeeld:
> Gebeurtenis: denken aan de therapie en het huiswerk.
> Disfunctionele gedachte: 'ik doe mijn huiswerkopdracht straks wel.'
> Realistische gedachte: 'straks komt nooit, dus ik kan het beter nu doen of in mijn agenda zetten wanneer ik het ga doen.'
> Slim gedragsplan: de opdracht meteen uitvoeren.
> Uitvoering: de eerste twee dagen kwam de disfunctionele gedachte helaas naar boven zonder dat ik me bedacht dat die niet realistisch was. Op de derde dag zei ik tegen mezelf 'ja ja, je denkt dat nou wel, maar het is onzin!' en heb ik de opdracht maar meteen gedaan.
> Effect: het voelde goed om het huiswerk gedaan te hebben, waarna ik zonder schuldgevoel kon ontspannen.

Uitwerking:

Uitvoering van de sessieoefening: _____

_____

_____

_____

Effect: _____

_____

### Opdracht 2 – G-schema's invullen

Bekijk de G-schema's in bijlage 6.2 van dit werkboek. Bedenk welke andere zelfoverschattende gedachten bij u spelen. Vul aan de hand hiervan nog een G-schema in. In bijlage 6.3 staan aanvullende adviezen voor het opstellen van een slim gedragsplan.

Uitwerking:

Gebeurtenis: _____

Disfunctionele gedachte: _____

_____

Gedragsneiging: _____

Gevolg: _____

Realistische gedachte: _____

_____

Slim gedragsplan: _____

Uitvoering en effect: _____

_____

### Opdracht 3 – het niet gerealiseerd hebben van voornemens

Het kan lastig zijn om u bewust te worden van zelfoverschattende gedachten die spelen. Het helpt dan om te kijken naar een situatie waarin het u niet is gelukt een 'goed voornemen' in de praktijk te brengen. Bedenk zo'n situatie, en ga vervolgens na of er mogelijk zelfoverschattende gedachten hebben gespeeld. Verander deze wanneer hier sprake van was.

# SESSIE 6. REALISTISCHE ZELFINSCHATTING MAKEN

> *Voorbeeld:*
> *Niet gelukt voornemen: elk jaar probeer ik om kerstkaarten op tijd te versturen, maar dit lukt me nooit.*
> *Disfunctionele zelfoverschattende gedachte: 'te vroeg versturen is niet leuk, het lukt in de week voor kerst wel.' Er wordt dan niet gedacht aan het feit dat de week voor kerst altijd druk is.*
> *Realistische gedachte: 'te vroeg versturen is niet leuk, maar ik kan de kaarten wel alvast klaar hebben liggen.'*
> *Slim gedragsplan: de kaarten eerder schrijven, en ze in de week voor kerst op de post doen.*
> *Uitvoering: alvast in mijn agenda gezet voor eind november.*
> *Effect: Het gaf me voldoening om dit voor elkaar te hebben.*

Uitwerking:

Niet gelukt voornemen: _____

Disfunctionele zelfoverschattende gedachte: _____

_____

Realistische gedachte: _____

_____

Slim gedragsplan: _____

Uitvoering en effect: _____

_____

## Opdracht 4 – feedback van betrokken naasten

Vraag aan een of twee betrokken naasten of zij een voorbeeld kunnen geven van een zelfoverschattende gedachte die zij bij u waarnemen. Schrijf op wat besproken is.

> *Voorbeeld:*
> *Mijn partner vraagt mij geregeld om klusjes in en om het huis te doen. Ik reageer dan standaard met een 'ja hoor, in het weekend heb ik tijd om dit te doen, komt goed', terwijl die klus dan vaak weken of zelfs maanden blijft liggen. Zelf denk ik dan echt dat ik die klus dat weekend ga doen.*

Uitwerking:

1) _____

_____

_____

2) _____
_____
_____

### Opdracht 5 – een slim gedragsplan voor concentratie- en geheugenproblemen

Lees bijlage 6.3 van dit werkboek. Bekijk of er adviezen zijn die in uw situatie van pas kunnen komen. Maak een slim gedragsplan om deze adviezen toe te passen.

> *Voorbeeld:*
> *Gebeurtenis: soms maak ik afspraken terwijl ik geen agenda bij me heb.*
> *Slim gedragsplan: ik neem me voor deze afspraken naar mezelf te sms'en en deze sms'jes niet te openen. Wanneer ik dan thuis op mijn telefoon kijk, zie ik de ongeopende sms'jes en kan ik de afspraak meteen in mijn agenda schrijven.*
> *Uitvoering en effect: het is me eenmaal gelukt en eenmaal niet.*

Uitwerking:

Gebeurtenis: _____

Slim gedragsplan: _____

Uitvoering en effect: _____
_____


Gebeurtenis: _____

Slim gedragsplan: _____

Uitvoering en effect: _____
_____

## Bijlage 6.1. Format G-schema

**G-schema**

Gebeurtenis: _____

Disfunctionele gedachte: _____
_____

Gedragsneiging: _____

Gevolg: _____

Realistische gedachte: _____
_____

Slim gedragsplan: _____

Uitvoering en effect: _____
_____


Gebeurtenis: _____

Disfunctionele gedachte: _____
_____

Gedragsneiging: _____

Gevolg: _____

Realistische gedachte: _____
_____

Slim gedragsplan: _____

Uitvoering en effect: _____
_____

## Bijlage 6.2. Voorbeelden G-schema's rondom zelfoverschatting

### Voorbeeld overschatting van de concentratie

**Gebeurtenis**: een module van een uur via de computer moeten doorlopen.
**Disfunctionele gedachte**: 'ik heb nog twee uur, dan kan ik nog een uur voor de tv blijven zitten.'
**Gedrag**: op het laatste moment de module starten.
**Gevolg**: niet de concentratie hebben om zestig minuten achter elkaar te werken. Hierdoor duurt het doorlopen van de module langer of kan deze niet afgerond worden.
**Realistische gedachte**: 'hoewel de module een uur in beslag neemt, is het niet realistisch dat ik me zo lang kan concentreren. Met het inplannen van een pauze erbij ben ik uiteindelijk meer tijd kwijt.'
**Slim gedragsplan**: eerst de module afronden. Als beloning kan ik daarna nog even tv-kijken.
**Uitvoering en effect**: direct begonnen en na afloop nog tijd hebben om televisie te kijken. Ik voelde me voldaan en ontspannen.

### Voorbeeld overschatting van het geheugen

**Gebeurtenis**: een geleend boek uitgelezen.
**Disfunctionele gedachte**: 'ik zie degene waar ik het boek van heb geleend morgen toch, dan neem ik het meteen mee.'
**Gedrag**: boek vergeten.
**Gevolg**: alsnog terug moeten.
**Realistische gedachte**: 'ik kan het boek morgen meenemen, maar zal dat niet zomaar onthouden als ik er geen plan voor bedenk.'
**Slim gedragsplan**: boek alvast in de auto in het zicht leggen, bijvoorbeeld op de bijrijdersstoel.
**Uitvoering en effect**: ik realiseerde me pas halverwege de afspraak dat het boek nog in de auto lag. Ik kon het toen meteen pakken.

### Voorbeeld overschatting van de controle over het eigen gedrag

**Gebeurtenis**: in agenda kijken en zien dat er voor die avond een feest gepland staat, terwijl ik de volgende dag ben ingepland voor een ochtenddienst.
**Disfunctionele gedachte**: 'ik vertrek gewoon wat eerder van het feest.'
**Gedrag**: op het feest de tijd vergeten.
**Gevolg**: de volgende morgen balen van de vermoeidheid.
**Realistische gedachte**: 'het is leuk dat ik me voorneem om vroeg te vertrekken, maar op een feest met veel externe prikkels gaat mij dat niet zomaar lukken. Ik moet bedenken hoe ik de kans groter maak dat ik inderdaad voor middernacht vertrek.'
**Slim gedragsplan**: een dubbel alarm zetten op de telefoon, en bij binnenkomst op het feest alvast melden dat ik vanwege nachtdienst voor middernacht moet vertrekken.
**Uitvoering en effect**: er is nog geen feest geweest.

## Bijlage 6.3. Voorbeelden slim gedragsplan rondom concentratie- en geheugenproblemen

Hierna worden voorbeelden van slimme gedragsplannen beschreven op het gebied van aandacht, concentratie en onthouden van informatie. In de volgende sessies komen adviezen aan bod op de andere gebieden.

### Adviezen voor aandachts- en concentratieproblemen

- **Verminder afleidende prikkels.** Bedenk wat u afleidt en hoe u deze afleiding kunt verminderen. Leg bijvoorbeeld uw telefoon weg, en doe de muziek zachter of uit. Kijk eventueel terug naar sessie 3 voor meer adviezen op dit gebied.
- **Afleidende gedachten opschrijven.** Noteer tijdens het uitvoeren van taken afleidende gedachten over bijvoorbeeld taken die nog uitgevoerd moeten worden of (creatieve) ingevingen en ideeën. Ga hier dan pas na afronding van de originele taak mee aan de slag.
- **Achtergrondgeluid.** Soms verbetert de concentratie door achtergrondmuziek op te zetten die andere auditieve prikkels overstemt. Bij anderen helpt een meer monotoon achtergrondgeluid. Voorbeelden hiervan zijn een wasmachine of ventilator die aan staat. Kijk wat bij u past.
- **Ken uw eigen concentratieboog.** Zorg dat u weet hoelang u geconcentreerd kunt blijven, en werk steeds naar dit moment toe. Sta uzelf niet toe om eerder te stoppen met de taak.
- **Zorg voor een optimale lichamelijke toestand.** Zorg ervoor dat u niet afgeleid kunt worden door zaken als toiletbehoefte of honger/dorst. Een te zware maaltijd voor de taak vermindert de concentratie ook. Dit geldt ook voor slaapgebrek en te weinig lichamelijke activiteit. Achterhaal wat u moet doen om ervoor te zorgen dat uw lichamelijke toestand optimaal is.
- **Zorg voor een optimale werkplek.** Zorg voor een actieve maar ook gemakkelijke houding tijdens het werken. Let erop dat er voldoende frisse lucht in de ruimte aanwezig is. Ook daglicht helpt om actief te zijn.

### Adviezen om beter te kunnen onthouden

- **Extern geheugen.** Zorg ervoor dat u niet alles zelf hoeft te onthouden. Maak gebruik van notitiebriefjes om dingen op te schrijven, en stel bijvoorbeeld op uw telefoon een alarm in dat u herinnert aan het uitvoeren van taken.
- **Sta er een moment bij stil.** Onvoldoende stilstaan bij informatie die onthouden moet worden maakt de kans op vergeten groter. Door kortdurend meer aandacht te geven aan het specifieke moment wordt informatie beter onthouden.
- **Hardop zeggen.** Soms schiet u iets te binnen op het moment dat er geen externe geheugensteun ingeschakeld kan worden. Dit is bijvoorbeeld tijdens het autorijden. Het kan dan helpen om een paar keer hardop te zeggen wat er nog moet gebeuren. Hoe creatiever u dit doet, hoe groter de kans dat het lukt om het te onthouden. Zo werkt zingen of het geven van een opdracht op rijm meestal extra goed.

- **Visualiseren.** Het visualiseren van de uitvoering van de taak kan helpen wanneer er geen externe geheugensteun binnen handbereik is. Visualiseren kan door in uw hoofd een film te maken waarop u ziet dat u de taak uitvoert. Gebruik bij het maken van deze 'film' zo veel mogelijk zintuigen.

# Sessie 7. Realistische tijdsinschatting maken

**Agenda sessie 7**
- Inleiding
- Huiswerkbespreking
- Themabespreking: een realistische tijdsinschatting maken
- Sessieoefening: disfunctionele gedachten rondom tijdsinschatting opsporen en omzetten
- Huiswerkopdrachten

## Inleiding

In sessie 6 is besproken dat mensen met ADHD vanwege hun onrust en concentratieproblemen hun eigen mogelijkheden en vaardigheden kunnen overschatten. Dit maakt dat zij onvoldoende hulpmiddelen en strategieën inzetten om succeservaringen op te doen. Hierdoor doen zij faalervaringen op en krijgen ze een negatief zelfbeeld. Het leren herkennen van zelfoverschattende gedachten en het in staat zijn om deze te vervangen door realistische gedachten is nodig om een slim gedragsplan te kunnen maken. Tijdens de huiswerkbespreking wordt nagegaan of het u gelukt is zelfoverschattende gedachten op te sporen en te veranderen.

In deze sessie staat het maken van een realistische tijdsinschatting centraal. Omdat dit voor mensen met ADHD lastiger is, zullen zij vaker te laat komen, moeite hebben opdrachten op tijd af te ronden en niet goed in staat zijn om zich aan een planning te houden. Tijdens de themabespreking komt aan bod welke disfunctionele gedachten kunnen zorgen voor een verkeerde tijdsinschatting. De gedachte die het meest door u herkend wordt, wordt tijdens de sessieoefening aangepakt. De huiswerkopdrachten die u meekrijgt, zorgen ervoor dat u hier ruimschoots mee kunt oefenen.

## Themabespreking sessie 7: een realistische tijdsinschatting maken

Het inschatten van de tijd die ergens voor nodig is, is voor mensen met ADHD lastiger dan voor anderen. Door de wisselende concentratie duurt de taak de ene keer langer dan de andere keer. Hierdoor is het moeilijker om van tevoren in te schatten hoeveel tijd een taak kost. Ook kan afleidbaarheid ervoor zorgen dat iemand met ADHD verschillende activiteiten tegelijkertijd uitvoert. Hierdoor is het lastiger de tijdsduur van een individuele taak te bepalen. Ten slotte hebben mensen met ADHD moeite om voldoende stil te staan bij het inschatten van de tijd. Dit alles leidt tot gedrag als te laat komen of haastig zijn en moeite met plannen en organiseren. Een realistischer tijdsinschatting begint bij het bedenken in welk van de onderstaande domeinen het probleem het meest speelt. Vervolgens kunnen aanwezige disfunctionele gedachten vervangen worden door realistischer gedachten. Hierna is de weg vrij om een slim gedragsplan te bedenken.

- **Onvoldoende stilstaan bij tijdsinschatting.** Mensen met ADHD nemen als gevolg van de innerlijke onrust onvoldoende tijd om stil te staan bij het maken van een tijdsinschatting.
  *Disfunctionele gedachten:* 'het is onzin om een tijdsinschatting te maken voor dit soort taken' en 'je kunt het beste maar zo snel mogelijk beginnen'.
  *Realistische gedachte:* 'om frustraties te voorkomen is het slimmer van tevoren stil te staan bij hoelang deze taak duurt.'
  *Slim gedragsplan:* een minuut de tijd nemen om in te schatten hoelang de activiteit duurt.

- **Slechts de kern van de taak inplannen.** Bij het inplannen van taken is de kans groot dat alleen de kern van de taak meegenomen wordt. Vaak wordt vergeten tijd te reserveren voor het opstarten en afronden van de taak. Hierdoor is de gereserveerde tijd in de praktijk meestal onvoldoende.
  *Disfunctionele gedachte:* 'dat is zo gebeurd.'
  *Realistische gedachte:* 'vergeet niet dat het opstarten en afronden van deze taak ook tijd kost.'
  *Slim gedragsplan:* bedenken wat er allemaal bij het uitvoeren van de taak komt kijken.

- **Onvoldoende afbakening van taken.** De afleidbaarheid van mensen met ADHD maakt dat zij gemakkelijk van de ene taak naar de andere overgaan, soms zonder terug te komen bij de oorspronkelijke taak. Hierdoor is de kans klein dat deze (op tijd) afkomt. De eerste stap om hieraan te werken is de neiging opmerken om telkens naar een andere taak over te gaan. Vervolgens kunt u zich afvragen of u de extra taak ook binnen de beschikbare tijd kunt uitvoeren of dat u dat op een ander moment kunt doen.
  *Disfunctionele gedachte:* 'nu ik toch bezig ben, kan ik deze taak beter ook oppakken en het goed doen.'
  *Realistische gedachte:* 'het zou fijn zijn als ik de tijd had om deze taak grondig aan te pakken en ook de andere taak uit te voeren. Ik heb die tijd nu echter niet.'
  *Slim gedragsplan:* bekijken wanneer die andere taak uitgevoerd kan worden en meteen inplannen.

- **Geen rekening houden met tegenslagen.** Bij elke activiteit doen zich meerdere momenten voor waarop het tegen kan zitten. Hierdoor neemt de taak meer tijd in beslag dan van tevoren ingeschat was. Een goede planner houdt hier rekening mee.
  *Disfunctionele gedachte:* 'deze taak moet in een halfuur te doen zijn.'
  *Realistische gedachte:* 'ik moet niet vergeten twintig procent extra tijd in te plannen omdat er iets tegen kan zitten.'
  *Slim gedragsplan:* extra tijd inplannen en achteraf evalueren hoeveel tijd de taak in beslag heeft genomen en dit de volgende keer meenemen.

- **Wachttijd vermijden.** Mensen met ADHD die veel innerlijke onrust ervaren vinden het vaak moeilijk om te wachten. Daarnaast leiden concentratieproblemen tot verspilling van tijd, waardoor zij wachten als extra zonde kunnen ervaren. Dit terwijl juist het even moeten wachten voor rust kan zorgen.

*Disfunctionele gedachten:* 'wachten is zonde van mijn tijd' en 'het is effectief om alle tijd zo goed mogelijk op te vullen'.
*Realistische gedachten:* 'tijdens het wachten kan ik weer tot rust komen, waardoor ik de rest van de dag ontspannener ben' en 'je kunt niet altijd effectief zijn, wachten hoort erbij'.
*Slim gedragsplan:* ruim tijd tussen taken inplannen en weerstand bieden aan de neiging om deze tijd alsnog in te vullen.

## Uitwerking sessieoefening: disfunctionele gedachten rondom tijdsinschatting opsporen en omzetten

Geef aan in welke mate u problemen ervaart met het maken van een tijdsinschatting op een schaal van 0 tot 10 (0 = geen, 10 = zeer veel problemen)

_____

In welk domein* ligt het grootste probleem rondom tijdsinschatting?

_____

\* *Domeinen rondom tijdsinschatting: 1) onvoldoende stilstaan bij tijdsinschatting, 2) slechts de kern van de taak inplannen, 3) onvoldoende afbakening van taken, 4) geen rekening houden met tegenslagen en 5) wachttijd vermijden.*

Beschrijf twee disfunctionele gedachten die bij u een rol spelen bij het maken van een tijdsinschatting.

1) _____

_____

2) _____

_____

Vervang de disfunctionele gedachte door een realistische gedachte, en bedenk een slim gedragsplan.

Realistische gedachte: _____

_____

Slim gedragsplan: _____

_____


Realistische gedachte: _____

_____

Slim gedragsplan: _____

_____

## Huiswerkopdrachten sessie 7

### Opdracht 1 – uitvoering van de sessieoefening

Tijdens de sessieoefening heeft u twee disfunctionele gedachten rondom het inschatten van tijd veranderd in realistische gedachten, waarna u een slim gedragsplan heeft bedacht. U heeft de opdracht gekregen om in ieder geval één van deze slimme gedragsplannen uit te voeren. Beschrijf hoe het u is gelukt dit gedragsplan toe te passen in de praktijk en wat het effect hiervan is geweest.

> *Voorbeeld:*
> *Disfunctionele gedachte:* 'dit recept is simpel, ik kan dit in 20 minuten maken.'
> *Realistische gedachte:* 'ook simpele recepten kosten tijd. Alleen al het klaarzetten van alle benodigdheden en zorgen voor kokend water kost tien minuten.'
> *Slim gedragsplan:* een briefje op de koelkast plakken met 'koken = 15 minuten extra'.
> *Uitvoering:* bij thuiskomst briefje geplakt op koelkast. Na twee dagen bleek ik het helemaal niet gelezen te hebben. Vervolgens briefje boven het gasstel geplakt. Tweemaal 15 minuten eerder gaan koken, waarvan eenmaal net op tijd klaar en de andere keer vijf minuten voor tijd.

Uitwerking:

Uitvoering van de sessieoefening: _____

_____

_____

_____

Effect: _____

_____

### Opdracht 2 – G-schema's invullen

Bekijk de voorbeelden van de G-schema's die beschreven zijn in bijlage 7.1 van dit werkboek. Vul twee G-schema's in van situaties rondom tijdsinschattingsproblemen die u in de afgelopen periode bent tegengekomen. Kies hierbij een ander gebied dan dat in de sessieoefening aan bod gekomen is.

Uitwerking:

Gebeurtenis: _____

Disfunctionele gedachte: _____

_____

Gedrag: _____

Gevolg: _____

Realistische gedachte: _____

_____

Slim gedragsplan: _____

Uitvoering en effect: _____

_____

_____

Gebeurtenis: _____

Disfunctionele gedachte: _____

_____

Gedragsneiging: _____

Gevolg: _____

Realistische gedachte: _____

_____

Slim gedragsplan: _____

Uitvoering en effect: _____

_____

### Opdracht 3 – Snelle gok versus overdachte tijdsinschatting

Maak de opdracht uit bijlage 7.2 van dit werkboek.

### Opdracht 4 – het maken van een realistische zelfinschatting (terugkoppeling van sessie 6)

In de vorige sessie stond het maken van een realistische zelfinschatting centraal. Om deze vaardigheid toe te blijven passen helpt het om daar opnieuw mee bezig te zijn. Beschrijf hoe het maken van een realistische zelfinschatting is gegaan. Geef ook aan of u zich nog bewust bent geweest van disfunctionele gedachten op dit gebied en hoe u hiermee om bent gegaan.

> *Voorbeeld:*
> *Gebeurtenis: bij vertrek van huis naar het werk een volle vuilniszak en post zien.*
> *Disfunctionele gedachte: 'ik kan de vuilniszak, de post en mijn kantoorspullen wel in één keer meenemen, dat is mooi efficiënt.'*
> *Gedrag: uitvoeren.*
> *Gevolg: Halverwege de trap schoot de vuilniszak los, waardoor er overal rommel kwam te liggen. Uiteindelijk nam het opruimen tien minuten in beslag.*
> *Realistische gedachte: 'het is efficiënter om twee keer te lopen aangezien de kans groot is dat ik iets laat vallen en dat het dan juist meer tijd kost.'*
> *Uitvoering en effect: nog niet aan de orde gekomen deze week.*

Uitwerking:

Gebeurtenis: _____

Disfunctionele gedachte: _____

_____

Gedragsneiging: _____

Gevolg: _____

Realistische gedachte: _____

_____

Slim gedragsplan: _____

Uitvoering en effect: _____

_____


Gebeurtenis: _____

Disfunctionele gedachte: _____

_____

Gedragsneiging: _____

Gevolg: _____

Realistische gedachte: _____

_____

Slim gedragsplan: _____

Uitvoering en effect: _____

_____

## Bijlage 7.1. Voorbeelden G-schema's van inschattingsproblemen rondom tijd

### Voorbeeld onvoldoende stilstaan bij tijdsinschatting

**Gebeurtenis:** een PowerPoint moeten maken voor een presentatie.
**Disfunctionele gedachte:** *'vijf slides is voldoende, daar kan ik binnen het uur mee klaar zijn.'*
**Gedrag:** de voorbereiding afraffelen vanwege onvoldoende tijd.
**Gevolg:** onzeker de presentatie ingaan en door de zenuwen slechter presteren.
**Realistische gedachte:** *'het schijnt dat elke slide een uur kost. Nu denk ik het wel sneller te kunnen, maar laat ik voor de zekerheid toch drie uur inplannen.'*
**Slim gedragsplan:** drie uur inplannen voor de presentatie.
**Uitvoering en effect:** Erachter komen dat twee uur voldoende is. Hierdoor had ik nog een uur over om andere taken te kunnen afhandelen. De presentatie ging goed. Hierdoor heb ik een succeservaring opgedaan.

### Voorbeeld slechts de kern van de taak inplannen

**Gebeurtenis:** reisdeclaratie invullen.
**Disfunctionele gedachte:** *'het is maar één A4, dat kan ik binnen vijf minuten afhandelen.'*
**Gedrag:** uitvoeren en erachter komen dat de taak uiteindelijk een kwartier kost.
**Gevolg:** te laat komen en een negatieve associatie overhouden aan de taak. Hierdoor wordt het de volgende keer moeilijker om dezelfde taak uit te voeren.
**Realistische gedachte:** *'het invullen zelf kost waarschijnlijk maar vijf minuten. Het kost echter ook tijd om het aantal kilometers te berekenen via internet, het formulier uit te printen om te ondertekenen, dit in te scannen en het bijbehorende e-mailadres op te zoeken om het formulier te mailen. Dit zou me zomaar vijftien minuten kunnen kosten.'*
**Slim gedragsplan:** bedenken of er voldoende tijd is om de hele taak uit te voeren. Wanneer dit niet mogelijk is de taak op een ander moment inplannen.
**Uitvoering en effect:** De volgende dag iets eerder op het werk gekomen en de taak meteen uitgevoerd. Voor de maand daarna ook al ingepland in de agenda.

### Voorbeeld onvoldoende afbakening van taken

**Gebeurtenis:** tijdens het afnemen van de tafel zie ik dat de vensterbank ook afgenomen moet worden.
**Disfunctionele gedachte:** *'ik kan dit meteen meenemen nu ik toch bezig ben.'*
**Gedrag:** de vensterbank afnemen en zien dat de planten ook water nodig hebben en dit meteen doen.
**Gevolg:** te laat komen op een afspraak.
**Realistische gedachte:** *'hoewel de vensterbank ook afgenomen moet worden heb ik daar nu geen tijd voor. Het is slimmer om mij aan mijn oorspronkelijke taak te houden omdat ik anders te laat kom.'*
**Slim gedragsplan:** de oorspronkelijke taak afmaken en een notitie maken voor het afnemen van de vensterbank, zodat ik deze taak kan uitvoeren wanneer ik weer thuis ben.
**Uitvoering en effect:** Bij thuiskomst heb ik de notitie gezien en heb ik deze meteen afgehandeld. Ik vond het prettig om weer een taak af te kunnen strepen.

### Voorbeeld geen rekening houden met tegenvallers

**Gebeurtenis**: zien dat ik nog maar één strip medicatie heb.
**Disfunctionele gedachte**: 'ik heb nog tien pillen en daarmee nog negen dagen om medicijnen te bestellen.'
**Gedrag**: het bestellen van medicatie uitstellen tot het laatste moment.
**Gevolg**: risico op misgrijpen of veel moeite moeten doen om de medicatie alsnog te regelen.
**Realistische gedachte**: 'hoewel ik nog negen dagen de tijd heb, weet ik niet of er iets tegen zal zitten. Ik kan vergeten medicatie te bestellen, de huisarts zou een fout kunnen maken waardoor de apotheek het recept niet krijgt, of misschien heeft de apotheek het medicijn niet op voorraad. Het is daarom slimmer om niet tot het laatste moment te wachten.
**Slim gedragsplan**: de taak meteen uitvoeren of inplannen wanneer dit beter uitkomt.
**Uitvoering en effect**: de medicatie direct besteld, maar pas op de laatste dag opgehaald. Toen bleek het toch niet klaar te liggen bij de apotheek. Ik heb me voorgenomen om het de volgende keer eerder op te halen. Hiervoor heb ik meteen een notitie in de agenda gezet.

### Voorbeeld wachttijd vermijden

**Gebeurtenis**: tussen twee afspraken nog tijd over hebben.
**Disfunctionele gedachte**: 'het is zonde van de tijd om te vroeg te komen, ik kan nog wel even een boodschap doen.'
**Gedrag**: gestrest boodschappen doen.
**Gevolg**: alsnog een artikel vergeten mee te nemen en te laat of onrustig aankomen bij de volgende afspraak.
**Realistische gedachte**: 'ik kan wel denken dat ik veel tijd heb en dat het slim is om die te benutten, maar in de praktijk leidt dit tot stress of te laat komen. Ik kan beter genieten van de tijd die ik heb om rustig aan te doen.'
**Slim gedragsplan**: rustig naar de volgende afspraak rijden. Wanneer er echt nog tijd over is, kan ik een rondje lopen, de planning bekijken en appjes beantwoorden.
**Uitvoering en effect**: in de wachtkamer zitten en merken dat het prettig is om even tien minuten niets te doen. De afspraak daarna was ik meer ontspannen.

## Bijlage 7.2. Snelle gok versus overdachte tijdsinschatting

Hieronder staan twee dezelfde tabellen met diverse activiteiten en kolommen met het aantal minuten dat de taak kan duren. Het is de bedoeling dat u een kruis zet onder de kolom met het aantal minuten waarvan u denkt dat de activiteit duurt.
Vul de eerste tabel zo snel mogelijk in (snelle gok). Bij het invullen van de tweede tabel ziet u dezelfde activiteiten, maar nu mag u er ruim de tijd voor nemen om te bepalen hoeveel tijd die zal kosten.
Vergelijk vervolgens de twee tabellen. Zitten er verschillen tussen en kunt u die verklaren? Schrijf deze verklaring hieronder op.

Uitwerking:

_____

_____

| Tabel 1: snelle gok | < 5 min | 10-20 min | 20-30 min | 60 min | 120 min | Anders, namelijk |
|---|---|---|---|---|---|---|
| het ochtendritueel doorlopen | | | | | | |
| ontbijt klaarmaken | | | | | | |
| ontbijten | | | | | | |
| naar de sportschool gaan | | | | | | |
| vijftal boodschappen doen | | | | | | |
| de krant lezen | | | | | | |
| telefoneren met een ouder | | | | | | |
| 45 min zwemmen | | | | | | |
| naar het werk rijden | | | | | | |
| naar de kapper gaan | | | | | | |
| avondeten klaarmaken | | | | | | |
| avondeten | | | | | | |
| avondritueel doorlopen | | | | | | |
| huiswerkopdracht maken | | | | | | |
| een tijdschrift doorbladeren | | | | | | |
| cadeau bestellen voor iemand | | | | | | |
| afwas van de dag wegwerken | | | | | | |
| de was opvouwen | | | | | | |
| een kaartje schrijven | | | | | | |
| een cadeau inpakken | | | | | | |

| Tabel 2: overdachte tijdsinschatting | < 5 min | 10-20 min | 20-30 min | 60 min | 120 min | Anders, namelijk |
|---|---|---|---|---|---|---|
| het ochtendritueel doorlopen | | | | | | |
| ontbijt klaarmaken | | | | | | |
| ontbijten | | | | | | |
| naar de sportschool gaan | | | | | | |
| vijftal boodschappen doen | | | | | | |
| de krant lezen | | | | | | |
| telefoneren met een ouder | | | | | | |
| 45 min zwemmen | | | | | | |
| naar het werk rijden | | | | | | |
| naar de kapper gaan | | | | | | |
| avondeten klaarmaken | | | | | | |
| avondeten | | | | | | |
| avondritueel doorlopen | | | | | | |
| huiswerkopdracht maken | | | | | | |
| een tijdschrift doorbladeren | | | | | | |
| cadeau bestellen voor iemand | | | | | | |
| afwas van de dag wegwerken | | | | | | |
| de was opvouwen | | | | | | |
| een kaartje schrijven | | | | | | |
| een cadeau inpakken | | | | | | |

# Sessie 8.
# Realistische taakinschatting maken

**Agenda sessie 8**
- Inleiding
- Huiswerkbespreking
- Themabespreking: een realistische taakinschatting maken
- Sessieoefening: disfunctionele gedachten rondom taakinschatting opsporen en omzetten
- Huiswerkopdrachten

## Inleiding

In sessie 7 zijn vijf oorzaken besproken die leiden tot een verkeerde tijdsinschatting. Het nemen van onvoldoende tijd voor het inschatten van de tijd, alleen inplannen van de kern van de activiteit, onvoldoende afbakening van de activiteit, geen rekening houden met tegenslagen en wachttijd proberen te vermijden. Door hier anders over te denken ontstaat de mogelijkheid om dit anders aan te pakken. Hierdoor wordt de kans op succeservaringen vergroot. Dan komt gedrag als te laat komen, zich niet aan de planning kunnen houden en opdrachten te laat klaar hebben minder vaak voor. Tijdens de huiswerkbespreking komt aan bod of u al enige vooruitgang hebt geboekt.

In sessie 8 leert u om een realistische taakinschatting te maken. Door de concentratieproblemen zullen mensen met ADHD sneller tegen taken opzien en deze eerder vermijden. Dit is onhandig, omdat de taak hierdoor in uw hoofd alleen maar groter wordt. Het vervangen van disfunctionele gedachten door realistische gedachten maakt de weg vrij om taken (weer) op te pakken. Tijdens de sessieoefening wordt de disfunctionele gedachte rondom taken die u het meest herkent aangepakt.

## Themabespreking sessie 8: een realistische taakinschatting maken

Concentratieproblemen bemoeilijken het uitvoeren van taken. Dat kan leiden tot motivatieproblemen en tegenzin bij taken waarvoor langdurige concentratie nodig is. Daar komt bij dat mensen met ADHD zich in hun leven geregeld hebben moeten verantwoorden wanneer hen bijvoorbeeld gevraagd werd waarom ze een taak niet afgemaakt hadden. Hierdoor zijn mensen met ADHD in de loop van hun ontwikkeling getraind in het bedenken van talloze excuses en argumenten om de taak niet (meteen) te hoeven uitvoeren. Dit leidt helaas tot een toename van stress, wat de innerlijke onrust bij ADHD versterkt. Om dit gedrag te kunnen veranderen is het nodig om inzicht te krijgen in de disfunctionele gedachten die een rol spelen en te leren deze te vervangen door realistische gedachten. Daarmee wordt een eerste stap gezet in het maken van een realistische taakinschatting en het oppakken van taken. Hierna volgt een overzicht van veelvoorkomende disfunctionele gedachten op het gebied van taken.

- **Taken als saai zien.** Saaie taken geven weinig prikkels die de aandacht kunnen vasthouden. Voor mensen met concentratieproblemen is het extra lastig om aan deze taken te beginnen of deze vol te houden.
  *Disfunctionele gedachte:* 'deze taak is saai en daarmee niet vol te houden.'
  *Realistische gedachten:* 'saai is vaak ook gemakkelijk; ik kan dan ook maar beter deze taak als eerste doen' en 'ik kan saaiheid verminderen door muziek op te zetten'.
  *Slim gedragsplan:* zoeken naar mogelijkheden om de taak op te leuken of ingewikkelder te maken. Ook kan het inzetten van een beloning na afronden van de taak helpen.

- **Geen zin in de taak hebben.** Wanneer je nooit zin hebt in een bepaalde taak, helpt het niet om de taak uit te stellen. Ergens geen zin in hebben heeft ook meestal geen effect op hoe goed een taak uitgevoerd wordt. Uitstellen totdat er zin ontstaat, helpt dan ook niet. Het uitstellen van taken versterkt juist de negatieve associatie, wat het de volgende keer moeilijker maakt om aan de taak te beginnen.
  *Disfunctionele gedachte:* 'ik heb nu echt geen zin in deze taak.'
  *Realistische gedachte:* 'misschien heb ik morgen meer zin, maar de uitvoering van de taak wordt hier niet beter van; ik kan beter gewoon beginnen, dan komt de zin misschien nog wel.'
  *Slim gedragsplan:* ervoor zorgen dat dit soort taken direct gedaan worden en niet uitgesteld worden tot het een hele klus is. Ook kan gezocht worden naar omstandigheden die de taak opleuken. Bijvoorbeeld door iets lekkers erbij te pakken of iemand te bellen tijdens de uitvoering van de taak.

- **Taken als onzinnig zien.** Mensen met ADHD maken sneller een onderscheid tussen taken die nuttig en die onzinnig zijn. Dit komt doordat het uitvoeren van taken hen door concentratieproblemen meer energie en tijd kost. Door taken zó te bekijken wordt de aversie echter groter en wordt het lastiger deze uit te voeren. Het helpt juist om te bedenken wat het nut van de taak is.
  *Disfunctionele gedachte:* 'wat een onzin dat ik dit zou moeten doen; dit slaat nergens op!'
  *Realistische gedachte:* 'ik kan deze taak onzin vinden, maar het hoort blijkbaar bij het grote geheel van mijn studie/werk. Om geen problemen te krijgen is het toch nuttig dat ik deze taak uitvoer.'
  *Slim gedragsplan:* de taak wat oppervlakkig uitvoeren of eventueel bedenken hoe ik hier onderuit kan komen.

- **Taken als omvangrijk/ingewikkeld zien.** Omvangrijke, ingewikkelde taken moeten voor de uitvoering opgedeeld worden in stappen. Mensen met ADHD ervaren te veel onrust om hierbij stil te staan.
  *Disfunctionele gedachte:* 'deze taak is te ingewikkeld; dit gaat me nooit lukken.'
  *Realistische gedachte:* 'ingewikkelde taken zijn moeilijk te overzien. Als ik de eerste stap maar gezet heb, ben ik al op weg. Daarna kijk ik wat de tweede stap kan zijn.'
  *Slim gedragsplan:* de taak in stappen opdelen, en deze stappen steeds inplannen.

- **De taak als te vaag ervaren.** Voor het aanpakken van taken is het nodig om stil te staan bij wat de taak concreet inhoudt. Mensen met ADHD doen dit minder, mogelijk als gevolg van de innerlijke onrust. Daardoor blijven taken vaag, wat de neiging tot uitstellen versterkt.

*Disfunctionele gedachten: 'wat een vage taak; omdat ik niet snap wat de bedoeling is, heeft het geen zin om aan de taak te beginnen.'*

*Realistische gedachte: 'de taak is vaag omdat ik er nog niet goed naar gekeken heb. Als ik me erin verdiep zal dat een en ander verduidelijken.'*

*Slim gedragsplan: stilstaan bij de taak en bedenken wat de stappen zijn die bij deze taak horen.*

- **De omstandigheden voor de taak als niet optimaal beoordelen.** Hoewel het logisch klinkt om een taak uit te stellen wanneer de omstandigheden niet optimaal zijn, heeft dit alleen maar zin als de omstandigheden op andere momenten wel goed zijn. Als dit echter zelden het geval is, heeft het weinig zin om de taak uit te stellen. Toch doen mensen met ADHD dat vaak, bijvoorbeeld omdat hun concentratievermogen zwak is.

*Disfunctionele gedachten: 'mijn concentratie is nu niet goed, dus het heeft geen zin om deze taak uit te voeren' en 'ik zit nu zo slecht in mijn vel dat deze taak nu niet gaat lukken'.*

*Realistische gedachten: 'mijn concentratie is altijd matig; ik kan dan ook beter toch beginnen met deze taak, dan heb ik tenminste iets gedaan' en 'dat ik nu slecht in mijn vel zit, betekent waarschijnlijk dat deze taak me langzaam af zal gaan, maar als ik toch begin, blijft er minder werk liggen voor morgen'.*

*Slim gedragsplan: bijhouden wanneer de concentratie optimaal is, en taken voortaan op die momenten inplannen.*

## Uitwerking sessieoefening: disfunctionele gedachten rondom taakinschatting opsporen en omzetten

Geef aan in welke mate u problemen ervaart rondom het maken van een taakinschatting op een schaal van 0 tot 10 (0 = geen problemen, 10 = zeer veel problemen):

_____

In welk domein* ligt het grootste probleem rondom taakinschatting?

_____

*\* Domeinen rondom taakinschatting: 1) taken als saai zien, 2) geen zin in de taak hebben, 3) taken als onzinnig zien, 4) taken als omvangrijk/ingewikkeld zien, 5) taken als te vaag ervaren, en 6) de omstandigheden als niet optimaal beoordelen.*

Vul in de sessie onderstaand G-schema in:

Gebeurtenis: _____

Disfunctionele gedachte: _____

_____

Gedragsneiging: _____

Gevolg: _____

Realistische gedachte: _____

Slim gedragsplan: _____

## Huiswerkopdrachten sessie 8

### Opdracht 1 – uitvoering van de sessieoefening

Tijdens de sessieoefening hebt u enkele disfunctionele gedachten rondom het inschatten van taken vervangen door realistische gedachten. Hierna hebt u een slim gedragsplan bedacht. Dit plan staat beschreven bij de uitwerking van de sessieoefening. U hebt de opdracht gekregen het slimme gedragsplan uit te voeren. Beschrijf hoe het u is gelukt dit gedragsplan in de praktijk toe te passen en wat het effect hiervan is.

> *Voorbeeld:*
> *Lastige taak: tanken.*
> *Disfunctionele gedachte: 'tanken is saai.'*
> *Realistische gedachte: 'het kan wel saai zijn, maar het kost ook niet meer dan tien minuten. Door te blijven zeggen dat het saai is, wordt de taak er niet leuker op.'*
> *Slim gedragsplan: een beloning in het vooruitzicht stellen.*
> *Uitvoering: bedacht dat ik elke dag langs een goedkoop tankstation kom, en met mezelf afgesproken dat ik daar ga tanken als de tank voor meer dan de helft leeg is. Dit bespaart me geld, waardoor ik tweemaal in het jaar extra naar de sauna kan.*
> *Effect: deze week is het gelukt om hier te tanken.*

Uitwerking:

Uitvoering van de sessieoefening: _____

Effect: _____

### Opdracht 2 – G-schema's invullen

Bekijk de G-schema's in bijlage 8.1 van dit werkboek. Vul twee G-schema's in voor situaties waarin u last had van inschattingsproblemen rondom taken. Kies hierbij een ander domein dan die bij de sessieoefening aan bod gekomen is.

Uitwerking:

Gebeurtenis: _____

Disfunctionele gedachte: _____
_____

Gedragsneiging: _____

Gevolg: _____

Realistische gedachte: _____
_____

Slim gedragsplan: _____

Uitvoering en effect: _____
_____


Gebeurtenis: _____

Disfunctionele gedachte: _____
_____

Gedragsneiging: _____

Gevolg: _____

Realistische gedachte: _____
_____

Slim gedragsplan: _____

Uitvoering en effect: _____
_____

### Opdracht 3 – uitstellen van taken en opdrachten

Lees bijlage 8.2 van dit werkboek. Bedenk wat u herkent van de beschreven voorbeelden en hoe groot het probleem van uitstellen bij u is op een schaal van 0 tot 10 (0 = helemaal geen probleem, 10 = vrijwel altijd een probleem). Bedenk een realistische gedachte om uitstellen te verminderen. Schrijf deze gedachte op een briefje of zorg voor een andere manier om u eraan te herinneren. Oefen met het toepassen van deze gedachte op de momenten dat u geneigd bent uit te stellen. Schrijf op hoe dit gelukt is.

> Voorbeeld:
> Gedrag: taken uitstellen tot het laatste moment.
> Negatieve gevolgen: stress, gespannen nek- en rugspieren en slechter slapen.
> Realistische gedachte: 'het is misschien een vervelende taak, en uitstellen lijkt makkelijk, maar het is nog vervelender wanneer dit mij stress oplevert en ik hierdoor slechter slaap. Daar komt bij dat de taak achteraf eigenlijk erg meevalt.
> Uitvoering: post-it met de realistische gedachte op mijn tablethoes geplakt, waardoor ik het nu al een keer of zes gelezen heb.

Uitwerking:

Mate van problemen rondom uitstellen (met 0 = helemaal geen probleem, en 10 vrijwel altijd een probleem): _____

Negatieve gevolgen die ik ervaar door uitstellen: _____

_____

Realistische gedachte: _____

_____

Uitvoering en effect: _____

_____

### Opdracht 4 – slim gedragsplan rondom het aanpakken van taken

Lees bijlage 8.3 van dit werkboek. Bedenk welke taak u geneigd bent uit te stellen. Kies twee punten rondom het oppakken en uitvoeren van taken uit die in dit geval de meeste verbetering zouden kunnen brengen. Schrijf deze op, en bedenk een concreet plan om dit uit te voeren.

> Voorbeeld:
> Taak: opzien tegen het werken in de tuin.
> Slim gedragsplan: beginnen met de voorbereiding door ervoor te zorgen dat ik alle benodigde spullen (handschoenen, overall, werkschoenen, groencontainer, schoffel, schop, bezem, etc.) bij de hand heb.
> Slim gedragsplan: omgeving leuker maken door muziek op te zetten en voor koffie te zorgen.
> Uitvoering en effect: wat verlaat maar toch aan de taak begonnen en uiteindelijk lang doorgegaan. De buurman kwam nog een praatje maken. Ik heb best ontspannen gewerkt en denk dat de kans groot is dat ik de volgende keer minder tegen de taak opzie.

# SESSIE 8. REALISTISCHE TAAKINSCHATTING MAKEN

Uitwerking:

Taak: _____

Slim gedragsplan: _____

Uitvoering en effect: _____

_____

## Opdracht 5 – het maken van een realistische tijdsinschatting (terugkoppeling van sessie 7)

In de vorige sessie stond het maken van een realistische tijdsinschatting centraal. Om deze vaardigheid toe te blijven passen helpt het om daar opnieuw mee bezig te zijn. Beschrijf hoe het maken van een realistische tijdsinschatting is gegaan. Geef ook aan of u zich nog bewust bent geweest van disfunctionele gedachten op dit gebied en hoe u hiermee om bent gegaan.

> *Voorbeeld:*
> *Gebeurtenis: ik moest voor een cursus een aantal bladzijden lezen.*
> *Disfunctionele gedachte: 'het zal me vast niet veel tijd kosten.'*
> *Gedragsneiging: uitstellen.*
> *Gevolg: onrustig gevoel.*
> *Realistische gedachte: 'denken dat het niet veel tijd gaat kosten klopt niet. Je kunt dit helemaal niet weten, omdat je nog geen inschatting van de tijd hebt gemaakt.'*
> *Slim gedragsplan: de eerste bladzijde van het artikel lezen om te kijken hoe lang ik daarmee bezig ben.*
> *Uitvoering: deze bladzijde was lastig. Ik heb hierna een uur in mijn agenda ingepland om het artikel te lezen. Dit doe ik in de trein op weg naar de cursus. Hierna heb ik het stuk meteen in mijn tas gestopt.*
> *Effect: ik had voldoende tijd het stuk door te lezen. Ik was alleen mijn marker vergeten. Die heb ik nu ook meteen in mijn tas gedaan.*

Uitwerking:

Gebeurtenis: _____

Disfunctionele gedachte: _____

_____

Gedragsneiging: _____

Gevolg: _____

Realistische gedachte: _____

_____

Slim gedragsplan: _____

Uitvoering en effect: _____

_____

## Bijlage 8.1. Voorbeelden G-schema's van inschattingsproblemen rondom taken

### Voorbeeld taken als saai zien

**Gebeurtenis:** een vergadering op de planning hebben.
**Disfunctionele gedachte:** *'het duurt vast weer ellendig lang en is slaapverwekkend.'*
**Gedrag:** geen constructieve bijdrage aan de vergadering hebben.
**Gevolg:** de tijd gaat alleen maar langzamer.
**Realistische gedachte:** *'Een uur lijkt inderdaad lang als een vergadering saai is, maar die is toch verplicht, en als ik er zo inga, duurt die alleen maar langer. Ik kan het mezelf beter zo aangenaam mogelijk maken door te bedenken hoe ik de tijd door kan komen.'*
**Slim gedragsplan:** gemakkelijke opdrachten uitvoeren of actief meedoen tijdens de vergadering.
**Uitvoering en effect:** Actief meegedaan. Tijdens een saai moment mijn planning gemaakt. Hierdoor ging de tijd sneller en voelde ik me na de vergadering tevreden.

### Voorbeeld geen zin hebben in de taak

**Gebeurtenis:** stofzuigen op de planning hebben staan.
**Disfunctionele gedachte:** *'ik heb nu geen zin in stofzuigen.'*
**Gedrag:** uitstellen.
**Gevolg:** de taak krijgt een negatieve associatie. De volgende dag is er nog minder zin.
**Realistische gedachte:** *'dat ik er nu geen zin in heb, is alleen een argument als ik er op een ander moment wel zin in heb. Eerlijk gezegd is stofzuigen niet mijn favoriete bezigheid, dus de kans is groot dat ik er de komende dagen ook geen zin in heb. Ik kan het dan ook maar beter meteen doen, dan ben ik er weer even van af.'*
**Slim gedragsplan:** de motivatie voor de taak verbeteren door de realistische gedachte hardop uit te spreken. Ook helpt het om een beloning in het vooruitzicht te stellen.
**Uitvoering en effect:** uiteindelijk een vaste dag voor het stofzuigen ingepland, de taak valt dan wel mee. Ook een plan gemaakt om te sparen voor een robotstofzuiger.

### Voorbeeld taken als onzinnig zien

**Gebeurtenis:** manager vraagt een controle uit te voeren van opgegeven declaraties.
**Disfunctionele gedachte:** *'wat een onzin, ik heb ze toch zelf aangevraagd!'*
**Gedrag:** uitstellen.
**Gevolg:** declaratie blijft uit.
**Realistische gedachte:** *'ik vind dit onzinnig, maar als ik hier nu niet in meega, dan krijg ik niet uitbetaald. Ik kan deze taak dan ook maar beter meteen uitvoeren.'*
**Slim gedragsplan:** de taak meteen uitvoeren of eventueel terugsturen met 'akkoord' zonder dat er een controle uitgevoerd is.
**Uitvoering en effect:** meteen akkoord verzonden en de declaratie op mijn rekening ontvangen.

### Voorbeeld taken als omvangrijk/ingewikkeld zien

**Gebeurtenis:** in de computer mijn map met foto's zien.
**Disfunctionele gedachte:** *'het uitzoeken van vakantiefoto's van de afgelopen jaren is niet te doen!'*
**Gedrag:** vermijden.
**Gevolg:** de taak blijft in het achterhoofd zitten. Ook kan ik nog niet genieten van de vakantiefoto's.
**Realistische gedachte:** *'deze taak heb ik te lang uitgesteld, waardoor hij nu erg omvangrijk is geworden. Het zou niet realistisch zijn om te denken dat ik die in één keer kan afronden. Een fotoboek maken van mijn laatste vakantie is iets wat wel zou moeten lukken.'*
**Slim gedragsplan:** bedenken wat een eerste gemakkelijke stap zou kunnen zijn en die zetten. Daarnaast meerdere andere tijdsmomenten inplannen om met de taak verder te gaan. Hierna steeds opnieuw bedenken wat een volgende stap is die gezet kan worden.
**Uitvoering en effect:** Gestart met mapjes maken voor de foto's en de juiste foto's hierin geselecteerd. Voor de volgende vrije dag ingepland om in een van die mapjes te bekijken welke foto's verwijderd kunnen worden. Het uitvoeren van een deel van de taak voelde ook al goed; dit had ik niet verwacht.

### Voorbeeld taak als te vaag ervaren

**Gebeurtenis:** een opdracht voor een cursus moeten maken.
**Disfunctionele gedachte:** *'ik snap totaal niet wat de bedoeling is van deze opdracht; het gaat me nooit lukken.'*
**Gedrag:** uitstellen.
**Gevolg:** stress ervaren en de opdracht afraffelen. Hierdoor onzeker zijn over de inhoud. Misschien moet de opdracht zelfs opnieuw gedaan worden.
**Realistische gedachte:** *'als ik een opdracht niet begrijp, betekent het dat ik er waarschijnlijk onvoldoende over nagedacht heb en deze niet goed voor me zie. Wat dan helpt, is dat ik gewoon begin met de eerste stap door al mijn spullen bij elkaar te zoeken en achter de computer te gaan zitten. Ik kan dan alvast een document aanmaken en de opdracht overnemen. Ik begin daarna gewoon aan het onderdeel dat ik wel begrijp.'*
**Slim gedragsplan:** gewoon beginnen en later corrigeren wanneer duidelijker wordt wat de bedoeling van de opdracht is.
**Uitvoering en effect:** Het plan uitgevoerd. Het valt me op dat de opdracht steeds duidelijker wordt wanneer je ermee aan de slag gaat.

### Voorbeeld de omstandigheden als niet optimaal beoordelen

**Gebeurtenis:** huiswerkopdrachten zien.
**Disfunctionele gedachte:** *'met de huidige concentratie duurt het uren, dus het heeft geen zin om hieraan te beginnen.'*
**Gedrag:** uitstellen.
**Gevolg:** uiteindelijk voor de komende sessie alsnog afraffelen en hierdoor minder leren van de therapie. Hierdoor wordt onhandig gedrag niet veranderd.

**Realistische gedachte:** 'het is lastig om opdrachten te maken met een slechte concentratie, maar mijn ervaring is dat mijn concentratie niet spontaan zal verbeteren. Ik kan dan ook beter gewoon beginnen, dan heb ik in ieder geval iets gedaan. Daarnaast zou het ook mee kunnen vallen; misschien gaat het wel beter wanneer ik eenmaal begonnen ben.'
**Slim gedragsplan:** gaan experimenteren met verschillende tijdstippen op de dag en plekken om opdrachten te maken. Zo kan ik erachter komen op welk moment en in welke situatie mijn concentratie het beste is.
**Uitvoering en effect:** het lijkt erop dat opdrachten die ik aan het begin van de dag doe sneller verlopen. De komende tijd ga ik hier nog meer mee aan de slag.

## Bijlage 8.2. Gevolgen van uitstellen en realistische gedachten die kunnen helpen

### Negatieve gevolgen van uitstellen

- **Toename van negatieve associatie.** Uitstellen van taken maakt dat de taak steeds omvangrijker en intimiderender lijkt. Hierdoor wordt de kans kleiner dat de taak later alsnog opgepakt wordt.
- **Minder goede taakuitvoering.** Hoe meer tijd er tussen de oorspronkelijke opdracht en daadwerkelijke uitvoering zit, hoe groter de kans dat u zich niet meer precies herinnert wat de opdracht was. Er is dan meer tijd nodig om u weer in de opdracht te verdiepen. Vaak is er dan geen tijd meer om de taak na de uitvoering even te laten liggen en later te controleren. Dit zorgt ervoor dat de taak minder goed uitgevoerd wordt.
- **Minder energie.** Wanneer taken niet afgehandeld worden, blijft dit in uw hoofd zitten. Dit slurpt energie. Hoe meer taken uitgesteld worden, hoe minder energie beschikbaar is om andere taken wel op te pakken.
- **Ontstaan van negatieve gevoelens en lichamelijke sensaties.** Uitstellen van taken geeft stress. Dit kan leiden tot lichamelijke klachten zoals hoofdpijn en vastzittende schouder- en nekspieren. Ook kunnen er schuldgevoelens of boosheid jegens uzelf ontstaan, wat onhandig gedrag versterkt.
- **Minder genieten van ontspanning.** Openstaande taken geven stress. Ontspannen lukt in die situaties minder goed dan wanneer taken afgehandeld zijn.
- **Toename van disfunctionele (zelf)gedachten.** Door u niet aan eigen voornemens te houden en taken niet uit te voeren, ontstaat er een gevoel van falen en teleurstelling. Ook kunnen er negatieve zelfgedachten ontstaan. Denk bijvoorbeeld aan '*wat stom dat je zo weinig zelfdiscipline hebt dat je zelfs deze taak uitstelt*'. Om dit gedrag enigszins goed te praten worden disfunctionele gedachten over de taak benadrukt, zoals '*ja, maar deze taak is ook erg vervelend*'. Het bijhouden van taken zorgt juist voor een gevoel van controle en efficiëntie.

### Realistische gedachten om ervoor te zorgen taken niet uit te stellen

- '*Het uitstellen van taken maakt niet dat de taak verdwijnt of dat deze minder omvangrijk wordt. Vaak wordt de taak in je hoofd alleen maar omvangrijker en vervelender en ga je er meer tegenop zien.*'
- '*Tijdens het uitvoeren van de taak blijkt vaak dat deze helemaal niet zo moeilijk is als je van tevoren dacht. Je kunt dan ook maar het beste gewoon beginnen. Vaak valt het dan wel mee.*'
- '*Je weet dat je de taak toch wel zult moeten doen. Uitstellen heeft dus weinig zin.*'
- '*Terwijl je uitstelt kun je minder genieten van rust en ontspanning, en zul je merken dat je minder energie hebt om andere taken wel op te pakken. Dat is het uitstellen niet waard.*'
- '*Door de taak meteen op te pakken zorg je voor overzicht en rust in zowel je hoofd als je lijf. Ook krijg je een goed gevoel over jezelf.*'

## Bijlage 8.3. Slim gedrag rondom het aanpakken van taken

Het ultieme slimme gedrag rondom taakinschatting is het oppakken, uitvoeren en afhandelen van taken. Het toepassen van onderstaand gedrag kan helpen om hier stappen in te zetten.

- **Starten met de voorbereiding.** Voor elke taak is voorbereiding nodig, zoals het bijeenzoeken van de benodigde spullen. Dit is vaak een gemakkelijke eerste stap. Dit helpt om de volgende stap te zetten, namelijk daadwerkelijk beginnen met de taak.
- **Taken opdelen in (kleine) stappen.** Eenmaal begonnen zijn met een taak maakt de kans groter dat deze af komt. Om met de taak te beginnen is het echter nodig om niet meteen de zogenaamde 'hele berg' te zien. Het opdelen van taken in stappen en tegen uzelf zeggen dat alleen de eerste stap genomen hoeft te worden, kan helpen om een begin te maken. Wanneer vervolgens een positieve ervaring optreedt, is de kans namelijk groot dat u er plezier in gaat krijgen. Hierdoor verloopt de tweede stap gemakkelijker. Zorg er dan ook voor dat de eerste stap klein is.
- **Niet stoppen op het moeilijkste moment.** Juist uzelf toestaan taken in delen uit te voeren maakt dat er niet zo'n aversie richting grote taken ontstaat. Het is echter niet slim om op een moeilijk moment te stoppen, omdat de kans dan groot is dat u gaat opzien tegen het verdergaan met de taak. Beter is het om door te gaan totdat het moeilijke moment voorbij is.
- **Prima om door te gaan, maar stop als het niet meer lekker voelt.** Het kan gebeuren dat u van tevoren bedenkt om alleen de eerste stap van de taak uit te voeren, maar doorgaat omdat u in 'de flow' zit. Dit is prima wanneer het nog leuk is. Het is echter een valkuil om verder te gaan terwijl u vermoeid bent of geen zin meer hebt en het einde nog niet in zicht is. Er ontstaat hierdoor juist een negatieve associatie met de taak. Dit maakt het moeilijker om op een later moment verder te gaan. Stop dan ook wanneer de taak niet meer prettig voelt terwijl u al verder bent dan van tevoren afgesproken is. Dit is anders dan het advies hierboven: daar gaat het om het niet stoppen op moeilijke momenten.
- **De taak concretiseren.** Vaak wordt tegen taken opgezien omdat deze te vaag zijn. Het helpt om de stappen die gezet moeten worden zo concreet mogelijk te maken.
- **Een beloning in het vooruitzicht stellen.** Hoe clichématig dit ook mag lijken, tegen uzelf zeggen dat er na het afronden van een taak iets leuks volgt, helpt om een taak af te ronden. Voorbeelden hiervan zijn een serie kijken, een tijdschrift doorbladeren of iets lekkers pakken.
- **De taak zelf leuker / nuttiger / minder saai maken.** Taken kunnen aantrekkelijker gemaakt worden door er bijvoorbeeld een competitie-element aan te verbinden. Denk bijvoorbeeld aan het afronden van de taak binnen een bepaalde tijd of het moeilijker maken van saaie taken.
- **De omgeving leuker maken.** Wanneer taken niet opgeleukt kunnen worden, kan het helpen om de omgeving eromheen aantrekkelijker te maken. Denk bijvoorbeeld aan het opzetten van muziek, aantrekken van gemakkelijke kleding en er iets lekkers bij pakken. Zelfs verandering van de plaats van uitvoering kan helpen. Bijvoorbeeld door de taak op de bank of in een café uit te voeren.

- **Snelle taken eerst.** Hoewel vaak als advies gegeven wordt om te beginnen met het aanpakken van de moeilijkste taak, kan het soms juist helpen om te beginnen met het afhandelen van korte, snelle taken. Hierdoor kunt u meteen een aantal taken op de takenlijst afvinken. Er ontstaat dan een gevoel van voldoening en succes. Dit maakt het aanpakken van de moeilijke taak gemakkelijker.
- **Plan taken op het beste moment.** Soms is uitstel niet te vermijden. Er is bijvoorbeeld een grote kans dat het oppakken van een ingewikkelde taak niet lukt wanneer u vermoeid thuiskomt van uw werk. Afhankelijk van uw persoonlijkheid en karakter zijn er tijdstippen waarop u de meeste wilskracht hebt. Een ochtendmens pakt administratieve taken misschien gemakkelijk 's morgens op, terwijl een ander op dat moment te veel prikkels ervaart. Het is dan ook zinvol om te experimenteren met verschillende momenten. Zo kunt u ontdekken welk moment u het beste past.

# Sessie 9.
# Opruimen, ordenen en organiseren

**Agenda sessie 9**
- Inleiding
- Huiswerkbespreking
- Themabespreking: opruimen, ordenen en organiseren
- Sessieoefening: omzetten van disfunctioneel gedrag rondom opruimen, ordenen en organiseren
- Huiswerkopdrachten

## Inleiding

In de vier voorgaande sessies bent u aan de slag geweest met het vervangen van disfunctionele gedachten voor realistische gedachten. Dit vergroot de kans op het vertonen van nieuw gedrag en het opdoen van succeservaringen. Aangezien het een aantal maanden kost om gedrag definitief te veranderen, is het belangrijk dat u blijft oefenen met de aangeleerde vaardigheden. In deze sessie komt tijdens het bespreken van het huiswerk aan bod of het u gelukt is een realistischer taakinschatting te maken.

In sessie 9 staat het verbeteren van het opruimen, ordenen en organiseren centraal. Hoewel deze drie termen doorgaans door elkaar gebruikt worden, zijn dit toch verschillende vaardigheden. Hier hoort u tijdens de sessiebespreking meer over. Door de afleidbaarheid en beperkte innerlijke rust hebben mensen met ADHD vaak te weinig ervaring opgedaan om succesvol te zijn op het gebied van opruimen, ordenen en organiseren. In deze sessie worden dan ook diverse adviezen besproken. Tijdens de sessieoefening wordt aan een van deze vaardigheden gewerkt. U gaat hier thuis verder mee aan de slag. Het zal u opvallen dat er in deze sessie minder focus is op het veranderen van gedachten. De aandacht in deze sessie is meer gericht op het bedenken van een slim gedragsplan.

## Themabespreking sessie 9: opruimen, ordenen en organiseren

- **Opruimen.** Bij opruimen gaat het om het opbergen van spullen op een vaste plek, zodat deze gemakkelijk terug te vinden zijn. Het bedenken van deze vaste plek kan lastig zijn voor mensen met ADHD. Zij hebben door de innerlijke onrust moeite hierbij stil te staan. Daarnaast zorgt rommel voor veel externe prikkels.

Hierdoor ontstaat er chaos in het hoofd, waardoor mensen met ADHD niet goed weten waar ze moeten beginnen met opruimen. Er kunnen dan ook verschillende disfunctionele gedachten ontstaan rond opruimen. Voorbeelden hiervan zijn *'dit is een onmogelijke opdracht'* en *'als ik mijn spullen in deze chaos kan vinden is opruimen niet nodig'*. Opruimen is juist in het geval van ADHD belangrijk, omdat dit zorgt voor vermindering van prikkels. Hierdoor ontstaat er meer rust en wordt de kans op overprikkeling verminderd. Het is dan ook realistischer om gedachten te hebben als *'ik kan mijn spullen misschien redelijk makkelijk vinden, maar dat zal ik nog beter kunnen wanneer ik een vaste plek kies die meer uit het zicht ligt. Dit geeft ook meer rust'*. Door ervoor te zorgen dat u het opruimen bijhoudt, blijft de taak beperkt. Het is dan ook slim om spullen die u mee naar huis neemt meteen op te bergen. Ook kan het helpen om na voorlopige afronding van een taak op te ruimen en dagelijks een vaste tijd in te plannen om op te ruimen.

- **Ordenen.** Ordenen begint bij het bedenken welke spullen bij elkaar horen. Vervolgens kunt u bedenken waar deze het beste opgeborgen kunnen worden. Hierna kunt u een ordening aanbrengen binnen dit opbergsysteem. Vaak hebben mensen met ADHD te weinig rust om stil te staan bij een goede ordening, waardoor laden, opbergdozen en kasten ongeorganiseerd zijn. U kunt zorgen voor meer ordening door gebruik te maken van vakverdelers, insteekhoezen, doosjes, stevige elastieken en plastic zakjes. Beter worden in het wegdoen van spullen of bestanden helpt ook om overzicht te krijgen. Bedenk dat het een valkuil is om een te perfect ordeningssysteem te willen bedenken.

- **Organiseren.** Onder organiseren wordt al het regelwerk verstaan dat nodig is om een gebeurtenis tot stand te brengen. Vaak wordt er gezegd dat mensen met ADHD beperkte organisatievaardigheden hebben. Meestal wordt hiermee bedoeld dat zij zaken als gevolg van afleidbaarheid en impulsiviteit vaak op een onhandige en inefficiënte manier organiseren. Het is dan ook nodig om uzelf te dwingen stil te staan bij het bedenken van een plan voordat u de taak uitvoert. Gedachten als *'het is zonde om bij deze taak stil te staan wanneer ik nog niet met de uitvoering bezig ben'* zijn dan ook disfunctioneel. Een voorbeeld van een realistische gedachte is: *'door stil te staan bij het maken van een slim gedragsplan kan deze taak veel efficiënter georganiseerd worden, wat juist tijd scheelt.'* Na het bedenken van een slim plan voor de uitvoering van de taak is het nodig deze taak in te plannen in een agenda. Deze agenda moet u dan wel altijd bij de hand hebben, en u moet er vaak genoeg in kijken. Ook helpt het om ontspanningstijd in te plannen. Taken die minder dan vijf minuten in beslag nemen kunnen beter meteen uitgevoerd worden.

- **Vergeten of kwijtraken van spullen.** Het vergeten, kwijtraken en niet op orde hebben van spullen bij mensen met ADHD wordt veroorzaakt door afleidbaarheid. Hierdoor kunnen andere prikkels gemakkelijk de aandacht trekken. Afleidbaarheid kan echter ook op een positieve manier gebruikt worden. Kleuren bij belangrijke spullen zullen de aandacht trekken, waardoor u deze spullen minder snel over het hoofd ziet of vergeet. Het helpt ook om u aan te leren deze spullen in het zicht te plaatsen in plaats van boven ooghoogte, achter een deur of ergens onder. Tevens helpt het om bij vertrek uit een ruimte achterom te kijken om te controleren of er niets is achtergebleven.

## Uitwerking sessieoefening: disfunctionele gedachten rondom opruimen, ordenen en organiseren

Geef aan in welke mate u vaardig bent op de volgende gebieden op een schaal van 0 tot 10 (0= niet vaardig, 10 = zeer vaardig).

Opruimen _____

Ordenen _____

Organiseren _____

Niet kwijtraken of vergeten van spullen _____

Vul het slimme gedragsplan in aan de hand van een recente situatie waarbij u aanliep tegen een probleem op een van bovenstaande gebieden:

Gebeurtenis: _____

Disfunctionele gedachte: _____
_____

Gedragsneiging: _____

Gevolg: _____

Realistische gedachte: _____
_____

Slim gedragsplan: _____
_____

## Huiswerkopdrachten sessie 9

### Opdracht 1 – uitvoering van de sessieoefening

Tijdens de sessieoefening hebt u gekozen voor een van de domeinen opruimen, ordenen, organiseren of niet vergeten van spullen. Hierna is een slim gedragsplan bedacht om uw vaardigheden op dit gebied te verbeteren. Dit plan staat beschreven bij de uitwerking van de sessieoefening. U heeft de opdracht gekregen het slimme gedragsplan uit te voeren. Beschrijf hoe het u is gelukt dit gedragsplan in de praktijk toe te passen en wat het effect hiervan was.

> *Voorbeeld:*
> *Situatie: een keukenlade met diverse rommelspullen (domein: ordenen).*
> *Disfunctionele gedachte: 'dit is zo'n rommel, hier krijg ik nooit orde in.'*
> *Gedrag: vermijden.*
> *Gevolg: elke keer ergernis bij het openen van de lade.*
> *Realistische gedachte: 'ordenen is lastig, maar als er eenmaal een systeem in zit, wordt het makkelijker. Daarnaast scheelt het ergernis en tijd wanneer de spullen in deze lade geordend zijn.'*
> *Slim gedragsplan: bedenken wat de functie is van de lade en welke spullen hier wel en niet in horen.*
> *Uitvoering en effect: ervoor gekozen om zaken waarvan het handig is die bij de hand te hebben (onder andere opladers, geld, spaarfolders, pennen en een schaar) in de la te bewaren. De rest van de spullen ergens anders opgeborgen. Ik heb gebruikgemaakt van drie kunststof bakjes om muntgeld, sleutels en schrijfgerei te scheiden. Het is nu duidelijker voor mij wat wel en niet in de la hoort, en ik kan alles snel terugvinden.*

Uitwerking:

Uitvoering van de sessieoefening: _____

_____

_____

_____

Effect: _____

_____

### Opdracht 2 – omzetten van disfunctioneel gedrag op een ander gebied

Tijdens de sessieoefening hebt u gekozen voor een van de domeinen opruimen, ordenen, organiseren of niet vergeten van spullen. Kies voor deze opdracht een ander domein uit en bedenk welk disfunctioneel gedrag er speelt. Maak een slim gedragsplan. In bijlage 9.1 van dit werkboek staan voorbeelden.

> *Voorbeeld:*
> *Disfunctioneel gedrag: het avondritueel loopt altijd uit, waardoor ik te laat in bed lig (organiseren).*
> *Slim gedragsplan: bedenken welke activiteiten bij het avondritueel horen, hoeveel tijd deze in beslag nemen en hoe laat ik in bed wil liggen. Vervolgens bedenken hoe laat ik dan moet beginnen aan het avondritueel.*
> *Uitvoering en effect: het volgende avondritueel gemaakt: opruimen van de woonkamer en keuken, klaarmaken van de tas voor de volgende dag, bijwerken van de planning en klaarmaken om naar bed te gaan. Ik heb ingeschat hoe lang de afzonderlijke taken in beslag kunnen nemen. Ik heb besloten dat ik om 22:00 uur moet beginnen aan het avondritueel. Vervolgens heb ik een week lang bijgehouden of deze tijd werkbaar is. Uiteindelijk bleek dit nog wat te krap te zijn. Nu begin ik om 21:30 uur aan het avondritueel.*

Uitwerking:

Gedragsneiging: _____

_____

Slim gedragsplan: _____

_____

Uitvoering en effect: _____

_____

### Opdracht 3 – het maken van een realistische taakinschatting (terugkoppeling van sessie 8)

In de vorige sessie stond het maken van een realistische taakinschatting centraal. Om deze vaardigheid toe te blijven passen helpt het om daar opnieuw mee bezig te zijn. Beschrijf hoe het maken van een realistische taakinschatting is gegaan. Geef ook aan of u zich nog bewust bent geweest van disfunctionele gedachten op dit gebied en hoe u hiermee om bent gegaan.

> *Voorbeeld:*
> *Gebeurtenis: de huiswerkopdrachten zien.*
> *Disfunctionele gedachte: 'ik ben nu moe; om ervan te leren is het beter dat ik de opdrachten uitvoer op een moment dat ik minder moe ben.'*
> *Gedragsneiging: uitstellen.*
> *Gevolg: alleen maar meer tegen de taak opzien.*
> *Realistische gedachte: 'dit is een smoes. Ik ben misschien moe, maar vermoeidheid maakt niet dat ik deze opdracht niet kan uitvoeren. Het is beter om een begin te maken met de opdracht omdat deze daarna gemakkelijker verloopt en er hierdoor meer momenten ontstaan waarop ik met de therapie bezig ben.'*
> *Slim gedragsplan: beginnen met de opdracht en kijken hoe ver ik kom.*
> *Uitvoering en effect: de eerste opdracht uitgevoerd, waarna ik een goed gevoel had. Besloten om de andere opdrachten op een later moment te doen en dit meteen in de agenda gezet. Omdat ik al een deel gedaan had, was het gemakkelijker om opnieuw aan het huiswerk te beginnen.*

Uitwerking:

Gebeurtenis: _____

Disfunctionele gedachte: _____

_____

Gedragsneiging: _____

Gevolg: _____

Realistische gedachte: _____

_____

Slim gedragsplan: _____

Uitvoering en effect: _____

_____

## Bijlage 9.1. Voorbeelden van een slim gedragsplan rondom opruimen, ordenen, organiseren en spullen niet kwijtraken

#### Slim gedragsplan rondom opruimen

- **Starten en doorgaan.** Opruimen is vrij eenvoudig. Het gaat om het oppakken van wat het dichtstbij ligt en dat op de juiste plek opbergen. Dit herhaalt u dan steeds opnieuw. Het lijkt moeilijk wanneer het een rommel is, maar meestal is het een kwestie van gewoon ergens beginnen.
- **Een vaste plek bedenken.** Een moment stilstaan om een goede, definitieve plek te vinden voor het opbergen van spullen maakt het opruimen makkelijker.
- **Altijd meteen doen.** Door spullen meteen op te bergen wanneer ik deze het huis binnenbreng en ik ze gebruikt heb, wordt het opruimen nooit een klus.

#### Slim gedragsplan rondom ordenen

- **Ordening in een opbergmogelijkheid.** Het bij elkaar stoppen van spullen die bij elkaar horen in een lade, doos of tas schept orde. Ervoor zorgen dat de inhoud hiervan gerangschikt is, schept nog meer overzicht. Het helpt om gebruik te maken van bijvoorbeeld vakverdelers, insteekhoezen, doosjes, stevige elastieken en plastic zakjes om een en ander beter te ordenen. Maak gebruik van een permanent marker om op te schrijven wat er in de zakjes/doosjes zit. Een voorbeeld is het gebruiken van plastic zakjes om gazen, pleisters en verbanden van elkaar gescheiden te bewaren in de verbanddoos.
- **Direct ordenen van digitale informatie.** Het ordenen van informatie of e-mail op de computer begint met het aanmaken van relevante mappen. Neem de tijd om te bedenken welke categorieën handig zijn. Voorbeelden zijn 'facturen & bonnen', 'uittreksels & verklaringen', 'overige administratie', 'werk', 'foto's & video's' en 'persoonlijk'. Zorg er bijvoorbeeld ook voor dat e-mails direct in mappen geplaatst worden, zodat er in de inbox alleen e-mails staan waar u nog actie op moet ondernemen.
- **Geen reservespullen.** Ordenen wordt lastiger naarmate er meer spullen zijn. Wegdoen van (dubbele) spullen geeft overzicht. Wees daarom kritisch met wat weg kan en welke spullen erbij komen.

#### Slim gedragsplan rondom organiseren

- **Agenda kiezen die altijd geraadpleegd kan worden.** Een goede organisator kan niet zonder een agenda die altijd bij de hand is en herhaaldelijk geraadpleegd wordt. Hoewel de digitale variant aantrekkelijk is, blijkt uit de praktijk dat deze minder overzicht geeft dan een papieren agenda. Het moet echter dan wel haalbaar zijn deze het grootste gedeelte van de tijd bij de hand te hebben.

- **Begin met denken in plaats van uitvoeren.** Neem de tijd om stil te staan bij het bedenken van een plan voor het organiseren van een gebeurtenis of omvangrijke taak. Ga vervolgens na of het plan realistisch en niet te optimistisch is.
- **Alle taken inplannen en zorgen voor een herinnering.** Een taak die niet ingepland wordt, wordt vaak vergeten of uitgesteld. Het is dan ook nodig om stil te staan om álle taken in te plannen op een geschikt moment. Verder moet er een herinnering komen op dat specifieke moment. Zo wordt de taak niet vergeten. Dit kan bijvoorbeeld door een herinneringssignaal in de telefoon te zetten.
- **Terugkerende taken vast inplannen.** Sommige taken hebben een terugkerend karakter. Denk onder andere aan het betalen van facturen, afhandelen van de administratie en het uitvoeren van huishoudelijke taken. Een goede organisator geeft deze taken een vast moment in de week.
- **Ontspanning inplannen.** Zorg voor een goede balans tussen uitvoeren van taken en ontspanning. Denk daarom van tevoren na over ontspanningsmomenten, en plan deze in. Zo kunt u toch ontspannen wanneer er nog taken liggen die afgehandeld moeten worden.
- **Kleine taken direct afhandelen.** Taken die minder dan een aantal minuten in beslag nemen, kunnen het beste meteen uitgevoerd worden. Zo blijft de to-dolijst overzichtelijk.

### Slim gedragsplan rondom het niet vergeten en kwijtraken van spullen

- **Gebruik van kleur.** Zorg ervoor dat relevante spullen een opvallende kleur hebben. Koop bijvoorbeeld een telefoonhoes met een print of een portemonnee in een felle kleur, en knoop een gekleurd lint aan uw sleutelbos.
- **In het zicht plaatsen.** Zorg ervoor dat spullen zo geplaatst worden dat ze gemakkelijk in het oog springen. Een tas op de stoel of tafel valt meer op dan een tas op de grond. Spullen boven ooghoogte worden sneller vergeten. Het helpt om kleine spullen bijvoorbeeld op een jas te leggen: wanneer u uw jas aantrekt, vallen de andere spullen eraf waardoor deze de aandacht trekken.
- **Maak er een externe prikkel van.** Om te onthouden om bepaalde spullen mee te nemen is het handig om een externe prikkel te creëren. Dit kan bijvoorbeeld door een briefje te plakken op een plek die u dagelijks ziet. Voorbeelden hiervan zijn de spiegel in de badkamer of de buitendeur. Zorg ervoor dat het briefje op ooghoogte hangt en een felle kleur heeft. Hierdoor trekt het de aandacht gemakkelijker.
- **Kijk over uw schouder bij definitief vertrek.** Kijk wanneer u vertrekt over uw schouder om na te gaan of u alle spullen hebt.

# Sessie 10.
# Omgaan met impulsiviteit

> **Agenda sessie 10**
> - Inleiding
> - Huiswerkbespreking
> - Themabespreking: omgaan met impulsiviteit
> - Sessieoefening: aanpakken van impulsiviteit
> - Huiswerkopdrachten

## Inleiding

In sessie 9 is aandacht besteed aan het verbeteren van vaardigheden rondom het opruimen, ordenen en organiseren. Als gevolg van afleidbaarheid en innerlijke onrust hebben mensen met ADHD hier te weinig ervaring mee opgedaan. Tijdens de huiswerkbespreking wordt gekeken of het u gelukt is enige verbetering te laten zien op een van deze gebieden.

In sessie 10 staat het verminderen van impulsiviteit centraal. Niet iedereen met ADHD heeft last van impulsiviteit. Meer introverte, afwachtende mensen zullen in plaats van impulsief gedrag eerder passief gedrag vertonen. Zij twijfelen juist veel. Meestal hebben zij de diagnose ADD. Het is de vraag of deze sessie dan doorlopen moet worden. Bespreek dit met de therapeut. Tijdens de sessieoefening wordt de valkuil rondom impulsiviteit die u het meest herkent aangepakt. Hier kunt u tijdens het maken van de huiswerkopdrachten verder mee aan de slag gaan.

## Themabespreking sessie 10: omgaan met impulsiviteit

### Aspecten van impulsiviteit

Hoewel de term impulsiviteit aardig ingeburgerd is, bestaat er geen eenduidige definitie. Meestal gaat het om gedrag dat iemand in bepaalde situaties vertoont, maar waar iemand niet meer achter staat op het moment dat er voldoende rust is om over dit gedrag na te denken. Achteraf neemt iemand zich (herhaaldelijk) voor om het de volgende keer anders te doen. De keer daarop blijkt het echter lastig te zijn om de impulsen te onderdrukken en het eigen gedrag te remmen. Impulsieve mensen worden namelijk door externe prikkels geleid. Logischerwijs laten impulsieve mensen wisselingen zien in hun gedrag, waarbij het impulsieve gedrag het sterkst op de voorgrond staat in drukke prikkelrijke situaties. Hierna volgt een overzicht van de verschillende aspecten van impulsiviteit.

- **Gevolgen niet afwegen.** Meestal wordt de term impulsiviteit gebruikt voor gedrag waarbij niet van tevoren is nagedacht over de mogelijke gevolgen ervan. Niet voor niets wordt impulsiviteit vertaald met 'doen zonder denken'. Vaak gaat het hier om gedrag dat onhandige gevolgen kan hebben, ongeacht de afloop. Denk bijvoorbeeld aan gedrag zoals te hard rijden, opzeggen van een baan zonder te bekijken of dit financieel mogelijk is, of een auto kopen die niet praktisch blijkt te zijn. Het is goed om te beseffen dat roekeloos gedrag niet áltijd onbezonnen is. Wanneer dit het geval is, valt dit niet onder de definitie van impulsiviteit.
- **Moeite met het remmen van het eigen gedrag.** Het is niet altijd mogelijk om de consequenties van gedrag van tevoren te overzien. Dan hebt u de vaardigheid nodig om uw eigen gedrag te remmen op het moment dat blijkt dat het gedrag vervelende gevolgen heeft. Mensen die impulsief zijn, hebben vaak moeite met stoppen op het moment dat het verstandig is. Er wordt ook wel gezegd dat er sprake is van een 'beperkt inhibitievermogen'.
- **Impulsen moeilijk kunnen onderdrukken.** Impulsieve mensen hebben moeite om hun eigen impulsen en behoeftes te onderdrukken. Zij zijn geneigd om meteen gehoor te geven aan hun opwellingen. Hierdoor lukt het minder goed om zich aan hun eigen voornemens te houden en stappen ze vaak opnieuw in oude valkuilen.
- **Te veel reageren op omgevingsprikkels.** Sommige mensen reageren te sterk op alle prikkels uit de omgeving. Dit kan overkomen als doelloos, ongericht en in-effectief reageren, wat ook onder impulsief gedrag valt.

### Geen impulsiviteit

Soms lijkt gedrag impulsief, maar is het dat niet. Zie hierna voor een overzicht.
- **Gevolgen snel overzien.** Sommige mensen zijn in staat om in korte tijd de gevolgen van hun gedrag te overzien. Hierdoor kunnen zij gemakkelijk (ingrijpende) beslissingen nemen zonder hier lang over na te denken. Hoewel gedrag dan impulsief kan lijken, is dit toch goed overdacht. Denk bijvoorbeeld aan mensen die een proefrit gaan maken en de auto naderhand meteen kopen.
- **Niet in staat om gevolgen te bedenken.** Er zijn ook mensen die niet in staat zijn om de gevolgen van hun gedrag te overzien. Dit kan bijvoorbeeld het geval zijn bij mensen die verstandelijk beperkt zijn, een herseaandoening hebben of lijden aan een psychiatrische stoornis. In deze gevallen is er sprake van onvermogen in plaats van impulsiviteit.
- **Gevolgen accepteren.** Sommige mensen overzien de eventuele (negatieve) consequenties van gedrag, maar ervaren die niet als een probleem. Ze weten bijvoorbeeld dat ze mensen kunnen kwetsen met hun gedrag, maar halen hun schouders hierover op. Je kunt dan spreken van een gebrek aan empathie. Voor anderen is het uitvoeren van bepaalde activiteiten zo belonend dat het risico op een fatale afloop geaccepteerd wordt. Denk bijvoorbeeld aan sensatiezoekend

gedrag zoals basejumpen of hard motorrijden. In die gevallen is er sprake van een bewuste keuze in plaats van impulsiviteit.
- **Herhaaldelijk veranderen van plan.** Ook wordt de term impulsiviteit soms toegepast op mensen die bewust geen plan maken of vaak van keuze veranderen. Hierbij hoeft echter geen sprake te zijn van ongecontroleerd en impulsief gedrag. Deze mensen hebben juist de levensvisie om te doen waar zij behoefte aan hebben en wat op dat moment goed voelt.
- **Achteraf extra kennis.** Het komt regelmatig voor dat mensen achteraf aangeven dat ze liever een andere keuze gemaakt hadden. Dit is echter geen impulsiviteit, maar leren van ervaringen. Deze kennis ontwikkel je juist door te weten wat de uitkomst is van een bepaalde keuze.

### Gevolgen van impulsiviteit

Het klinkt logisch dat impulsiviteit negatieve gevolgen kan hebben. Voorbeelden hiervan zijn ongelukken, verstoorde relaties met anderen en niet afhandelen van opdrachten en taken. Op termijn kan het herhaaldelijk opdoen van faalervaringen leiden tot faalangst of een negatief zelfbeeld. Ook kunnen er schuldgevoelens of zelfverwijt ontstaan. Enige mate van impulsiviteit kan echter ook voordelen hebben. Door de gevolgen niet altijd goed te overzien neemt iemand risico's die hij anders niet zou nemen. Dit kán ook goed uitpakken en leiden tot succeservaringen. Soms is het juist goed om snel te reageren; hierdoor kan iemand kansen grijpen die anderen anders gepakt zouden hebben. Impulsief gedrag zorgt er ook voor dat iemand uit zijn comfortzone stapt, waardoor hij misschien unieke ervaringen opdoet of nieuwe mensen ontmoet. Ten slotte wordt impulsief gedrag deels ook gezien als spontaan en flexibel, wat voor anderen een aantrekkelijke eigenschap kan zijn.

## Uitwerking sessieoefening: aanpakken van impulsiviteit

Geef aan in welke mate u impulsiviteit ervaart op een schaal van 0 tot 10

(0 = niet impulsief, 10 = zeer impulsief): _____

Geef aan in welke mate u last hebt van uw impulsiviteit op een schaal van 0 tot 10

(0 = geen last, 10 = zeer veel last): _____

Beschrijf in de tabel een drietal gebeurtenissen waarbij u last had van impulsief gedrag. Geef aan onder welk aspect van impulsiviteit dit gedrag hoort. Bespreek de positieve en negatieve gevolgen van dit gedrag.

|  | Omschrijving voorbeeld | Aspect* van impulsiviteit (1, 2, 3 of 4) | Positieve gevolgen | Negatieve gevolgen |
|---|---|---|---|---|
| Voorbeeld | Collega vertelt over kickboksen. Meteen inschrijven voor een proefles. Later blijkt dat het abonnement nogal duur is. | 1 en 3 | een ervaring rijker | verwachtingen gecreëerd die ik niet kan waarmaken |
| Situatie 1 | | | | |
| Situatie 2 | | | | |
| Situatie 3 | | | | |

\* Aspecten van impulsiviteit: 1) handelen zonder de gevolgen af te wegen, 2) onvoldoende remmen van gedrag, 3) moeite impulsen te onderdrukken en 4) te veel reageren op prikkels.

Impulsief gedrag waarmee u aan de slag gaat: _____

Disfunctionele gedachte: _____

Slim gedragsplan: _____

SESSIE 10. OMGAAN MET IMPULSIVITEIT

## Huiswerkopdrachten sessie 10

### Opdracht 1 – uitvoering van de sessieoefening 'het aanpakken van impulsiviteit'

Tijdens de sessieoefening hebt u een slim gedragsplan opgesteld om één uiting van impulsief gedrag aan te pakken. Dit plan staat beschreven bij de uitwerking van de sessieoefening. U hebt de opdracht gekregen het slimme gedragsplan uit te voeren. Beschrijf hoe het u gelukt is dit gedragsplan in de praktijk toe te passen en wat het effect hiervan is.

> *Voorbeeld:*
> *Impulsief gedrag: tegelijkertijd met het kopen van een lunch in de supermarkt snoep en koek meenemen.*
> *Disfunctionele gedachte: 'ik heb wel wat lekkers verdiend omdat ik hard gewerkt heb.'*
> *Realistische gedachte: 'ik verdien al geld met het werken, daar hoef ik niet nog een beloning voor. Daarnaast wil ik graag gezonder eten.'*
> *Slim gedragsplan: bedenken wat een goede lunch is en hiervoor boodschappen doen.*
> *De lunch kan ik dan thuis klaarmaken en meenemen. Wanneer het toch eens voorkomt dat ik de lunch vergeet, neem ik gepast geld mee naar de supermarkt. Hierdoor zal ik minder snel snoep en koek kopen.*
> *Uitvoering en effect van de sessieoefening: deze week elke dag lunch vanaf huis meegenomen. Het is nog tweemaal voorgekomen dat ik naar de supermarkt ging om lunch en snoep te kopen omdat ik mijn lunch niet lekker vond. Ook vroegen collega's mij mee. Inmiddels heb ik ervoor gezorgd dat mijn lunch aantrekkelijker is. Tegen collega's heb ik gezegd dat ik van plan ben wat gezonder te eten en daarom lunch bij me heb.*

Uitvoering van de sessieoefening: _____

_____

_____

_____

Effect: _____

_____

### Opdracht 2 – betrokken naasten bevragen

Vraag aan betrokken naasten of zij impulsief gedrag bij u herkennen. Laat hen een aantal voorbeelden geven. Geef vervolgens aan of dit gedrag inderdaad impulsief gedrag is en onder welk aspect van impulsiviteit dit valt. Maak daarbij gebruik van de volgende mogelijkheden: 1) handelen zonder de gevolgen af te wegen, 2) onvoldoende remmen van gedrag, 3) moeite impulsen te onderdrukken en 4) te veel reageren op prikkels. Bedenk een slim gedragsplan om met het impulsieve gedrag om te gaan wanneer u dit wilt veranderen.

> Voorbeelden:
> - 'Ja' zeggen tegen een afspraak met vrienden: impulsief gedrag. Ik maak de afspraak zonder te checken of er iets anders op de kalender staat. Dit zorgt ervoor dat ik regelmatig dubbele afspraken heb en er één moet afzeggen (aspect 1). Ik zeg ja omdat ik behoefte heb aan afspreken (aspect 3). Slim gedragsplan: zeggen dat het me leuk lijkt, maar dat ik eerst zal moeten checken of er geen andere afspraken gepland staan.
> - Regelmatig voorstellen om uit eten te gaan: vind ik niet impulsief, omdat ik dit alleen voorstel als er tijd en geld voor is. Geen slim gedragsplan.
> - Later weggaan van een feest dan van tevoren is afgesproken. Als dit maximaal een uur is, vind ik dit nog wel normaal. In andere gevallen zou er sprake kunnen zijn van aspect 1 en 2. Slim gedragsplan: ik ga eerst bijhouden hoeveel later ik vertrek.

Uitwerking:

1) _____

2) _____

3) _____

### Opdracht 3 – herstelvaardigheden verbeteren

In bijlage 10.1 van dit werkboek staan enkele vormen van het herstellen van de gevolgen van impulsief gedrag genoemd. Bedenk welke herstelvaardigheden u zou kunnen verbeteren. Kijk ook of er sprake is van disfunctionele gedachten rondom impulsiviteit. Zet hier een realistische gedachte tegenover. Bedenk vervolgens een slim gedragsplan. Maak eventueel gebruik van bijlage 10.2 van dit werkboek.

> *Voorbeeld:*
> *Gebeurtenis: als gevolg van mijn impulsiviteit maak ik dubbele afspraken.*
> *Disfunctionele gedachte: 'ik zou afgaan als ik zou toegeven dat ik een dubbele afspraak heb gemaakt.'*
> *Gedragsneiging: uitstellen en op het laatste moment zeggen dat ik me niet zo lekker voel.*
> *Gevolg: onbetrouwbaar over kunnen komen, omdat ik op het laatste moment afzeg.*
> *Realistische gedachte: 'als ik steeds een smoes bedenk, kom ik misschien minder betrouwbaar over dan wanneer ik aangeef dat ik last heb van over-enthousiasme en daardoor een dubbele afspraak heb gemaakt.'*
> *Slim gedragsplan: zeggen dat ik per ongeluk een dubbele afspraak heb gemaakt, waardoor ik de afspraak moet verplaatsen. Ik ga ook bijhouden in welke situaties dit voorkomt, zodat ik een plan kan bedenken om dit voortaan te voorkomen.*
> *Uitvoering en effect: nog niet kunnen uitvoeren, is nog niet voorgekomen.*

Uitwerking:

Gebeurtenis: _____

Disfunctionele gedachte: _____

Gedragsneiging: _____

Gevolg: _____

Realistische gedachte: _____

Slim gedragsplan: _____

Uitvoering en effect: _____

### Opdracht 4 – opruimen, ordenen en organiseren (terugkoppeling naar sessie 9)

In de vorige sessie stond het opruimen, ordenen en organiseren centraal. Om deze vaardigheid toe te blijven passen helpt het om daar opnieuw mee bezig te zijn. Beschrijf hoe u in de afgelopen week hebt geoefend met deze vaardigheid. Benoem een situatie met een disfunctionele gedachte, en noteer hoe deze u belemmerde in het opruimen, ordenen of organiseren. Beschrijf welke realistische gedachten u hebt gevormd en wat het slimme gedragsplan was. Noteer ook het effect van dit plan.

> Voorbeeld:
> Gebeurtenis: thuiskomen van het werk met een vol hoofd in een huis dat niet opgeruimd is.
> Disfunctionele gedachte: 'mijn hoofd zit vol, opruimen lukt nu toch niet.'
> Gedragsneiging: voor de tv gaan zitten en eten bestellen.
> Gevolg: het huis blijft een chaos en de onrust in het hoofd blijft aanwezig.
> Realistische gedachte: 'ik vind het moeilijk om te overzien wat er moet gebeuren om weer overzicht te krijgen, maar als ik niet probeer op te ruimen blijft de onrust aanwezig. Ik kan beter gewoon met iets kleins beginnen en daarna verder kijken.'
> Slim gedragsplan: met mezelf afgesproken dat ik twee taken oppak. De eerste is opruimen van kleding door deze óf in de wasmand te gooien óf weer terug te hangen in de kast. De tweede is alle kranten en tijdschriften op de juiste plek leggen.
> Uitvoering en effect: omdat de taak afgebakend en duidelijk was, zag ik er niet erg tegenop en is het gelukt dit te doen. Ik voelde me ontspannen toen ik daarna op de bank zat.

Uitwerking:

Gebeurtenis: _____

Disfunctionele gedachte: _____
_____

Gedragsneiging: _____

Gevolg: _____

Realistische gedachte: _____
_____

Slim gedragsplan: _____

Uitvoering en effect: _____
_____

## Bijlage 10.1. Aanpakken van impulsiviteit

Hoe u het beste om kunt gaan met impulsiviteit hangt af van hoe dit gedrag is ontstaan. Inzicht in het gedrag en de oorzaak hiervan is dan ook noodzakelijk. Vervolgens kunt u bekijken of impulsiviteit voorkomen kan worden. Manieren hiervoor zijn zorgen voor een verandering in de situatie, het bedenken van een slim gedragsplan en het aanleren van vaardigheden om de gevolgen van impulsiviteit te verminderen. U kunt bij het opstellen van een slim gedragsplan gebruikmaken van het volgende overzicht.

### Voorkomen van impulsiviteit

- **Prikkels verminderen.** Eerder is uitgelegd dat de kernsymptomen van ADHD verminderd kunnen worden door externe prikkels te verminderen. Wanneer er minder sprake is van overprikkeling, hebt u meer overzicht en is er meer ruimte om na te denken over de mogelijke gevolgen van gedrag. Hierdoor ontstaat er meer controle over uw eigen gedrag. Zorgen voor prikkelvermindering en het voorkomen van overprikkeling is uitgebreid aan bod gekomen in sessie 4.
- **Prikkelarme ruimte opzoeken.** In drukke, onoverzichtelijke situaties is de kans groot dat mensen met ADHD geen of minder controle hebben over hun eigen gedrag. Het helpt om tijdelijk een situatie op te zoeken om de rust te hervinden om na te denken over keuzes en het eigen gedrag. Hierdoor ontstaat er weer meer controle. Dit kan bijvoorbeeld door even naar buiten te gaan, op het toilet te gaan zitten of op een andere manier een pauze te nemen.
- **Situaties vermijden.** Bepaalde situaties kunnen impulsief gedrag uitlokken. U kunt bijvoorbeeld tijdens de uitverkoop sterk geneigd zijn geld uit te geven of roekeloos rijden op een motor. Door deze situaties te vermijden kunt u impulsief gedrag voorkomen.

### Verminderen van impulsiviteit

- **Slim gedragsplan bedenken.** U kunt impulsiviteit verminderen door helder te krijgen welk gedrag wel en niet gewenst is. Het kan dan helpen om het stappenplan 'ander gedrag' (sessie 5) te doorlopen. Ook zelfcontrole en zelfdiscipline zijn vaardigheden die helpen om impulsiviteit te verminderen.
- **Gereserveerd reageren op een voorstel.** Een van de problemen met impulsiviteit is dat u te enthousiast reageert op voorstellen of ideeën van anderen. Achteraf blijkt dat het niet haalbaar is om de afspraken na te komen. Wanneer u niet meteen reageert op voorstellen blijft het nog mogelijk om af te zeggen. Voorbeelden van mogelijke reacties zijn: *'het lijkt mij een leuk idee; ik zal mijn gedachten hier nog wat verder over laten gaan'* of *'ik denk dat ik wel kan, maar het is fijn dat je me nog even mailt zodat ik dit kan checken in mijn agenda'*.

### Verminderen van de gevolgen van impulsiviteit

- **Herstelvaardigheden verbeteren.** Wanneer iemand geneigd is om impulsief gedrag te vertonen en zichzelf daarmee in de problemen brengt, is het extra belangrijk de kunst van het herstellen onder de knie te krijgen. Denk bijvoorbeeld aan het aanbieden van excuses wanneer u per ongeluk iets hebt doorverteld of moet terugkomen op een toezegging, wanneer die totaal niet uitkomt. Ook het vergoeden van iets wat stuk is gegaan en het retourneren van een onnodig gekocht artikel vallen hieronder. Als u beter wordt in verontschuldigen en achteraf eerlijk uitleggen hoe dingen tot stand gekomen zijn, kan dat begrip bij anderen opwekken. Hierdoor kunnen de negatieve gevolgen van impulsiviteit verminderd worden.

## Bijlage 10.2. Voorbeelden G-schema's rondom impulsiviteit

### Voorbeeld impulsen moeilijk kunnen onderdrukken

**Gebeurtenis:** vastlopen tijdens het maken van een opdracht.
**Disfunctionele gedachte:** 'ik weet nu even niet hoe verder te gaan, en dan heeft dat ook geen zin. Ik kan maar beter iets doen om te ontspannen.'
**Gedrag:** een fles wijn opdrinken.
**Gevolg:** stress hebben omdat de opdracht niet af is.
**Realistische gedachte:** 'Hoewel ik nu niet weet hoe ik verder moet, is de kans klein dat ik dit wel weet door te gaan drinken. Het is prima om even wat anders te doen, maar drinken helpt niet.'
**Slim gedragsplan:** een kopje koffie zetten en dan verdergaan met de opdracht.
**Uitvoering en effect van het plan:** Wel een tijd getreuzeld, maar daarna verdergegaan. Op een gegeven moment lukte het beter om de opdracht te maken.

### Voorbeeld te snel ja zeggen

**Gebeurtenis:** aan een collega toegezegd om samen naar een cursus te gaan, maar ik blijk die dag helemaal niet te kunnen.
**Disfunctionele gedachte:** 'als ik eenmaal ja heb gezegd, kan ik er niet op terugkomen.'
**Gedrag:** proberen het zo te draaien dat de collega misschien af gaat zeggen.
**Gevolg:** stress hebben omdat dit niet lukt.
**Realistische gedachte:** 'Het is altijd lastig om terug te komen op een afspraak. Het helpt echter nu niet om mezelf in allerlei bochten te wringen. Het is het beste om te kijken wat ik nu in deze situatie kan doen.'
**Slim gedragsplan:** de collega appen dat ik erachter kom dat ik helaas niet mee kan gaan naar de cursus. Meteen voorleggen om eventueel samen te kijken naar een andere datum en de optie geven dat een andere collega mijn plek inneemt.
**Uitvoering en effect van het plan:** de collega meteen geappt. De datum bleek hem ook minder goed te passen. We gaan nu op zoek naar een andere cursus. Dit gaf opluchting.

### Voorbeeld per ongeluk de mond voorbijpraten

**Gebeurtenis:** per ongeluk een geheim doorvertellen.
**Disfunctionele gedachte:** 'dit is al de zoveelste keer; mijn excuus zal niet meer geloofd worden.'
**Gedrag:** proberen de desbetreffende persoon te mijden.
**Gevolg:** een verstoorde relatie.
**Realistische gedachte:** 'Het is altijd vervelend wanneer ik iets doe waar ik achteraf spijt van heb. Het is echter niet slim om de waarheid te verdoezelen en hier nu niet voor uit te komen. Ik kan het beste maar meteen een gepast excuus geven, dat lucht in ieder geval op.'

**Slim gedragsplan:** alvast appen naar de ander dat je per ongeluk je mond voorbij hebt gepraat, dat het je erg spijt en dat je er nog op terugkomt. Vervolgens bijvoorbeeld een kaartje met excuses schrijven of een bloemetje langsbrengen.

**Uitvoering en effect van het plan:** Meteen geappt. Tevens iets lekkers via de post laten bezorgen. De ander reageerde nog steeds boos op de app. Toch voelde ik mij minder schuldig omdat ik eerlijk was geweest en de intentie had laten zien om het goed te maken.

# Sessie 11. Verbeteren van de frustratietolerantie

**Agenda sessie 11**
- Inleiding
- Huiswerkbespreking
- Themabespreking: verbeteren van de frustratietolerantie
- Sessieoefening: het aanpakken van verlaagde frustratietolerantie
- Huiswerkopdrachten

## Inleiding

In deze sessie staat het verbeteren van de frustratietolerantie centraal. Het doel is om beter om te kunnen gaan met frustraties zoals vervelende situaties of gevoelens. Sommige mensen met ADHD zullen hier juist goed in zijn, omdat zij regelmatig te maken hebben gehad met frustraties en geleerd hebben om hier niet door van slag te raken. Anderen zullen door elke nieuwe tegenslag juist meer frustratie ervaren. Omdat een lage frustratietolerantie kan maken dat taken niet opgepakt en doelen niet bereikt worden, is het belangrijk om de tolerantie voor frustraties te verhogen. Dit kan onder andere door disfunctionele gedachten op dit gebied te veranderen. Tijdens de sessieoefening zullen de herkenbaarste disfunctionele gedachten aangepakt worden.

## Themabespreking sessie 11: verbeteren van de frustratietolerantie

Een adequate frustratietolerantie betekent dat iemand redelijk goed om kan gaan met vervelende situaties, emoties en lichamelijke sensaties. Deze ervaringen roepen dan minder sterke negatieve gedachten, emoties en onhandig gedrag op. Dit komt meestal omdat deze mensen realistische gedachten over zichzelf, de ander en de wereld hebben. Een voorbeeld van zo'n gedachte is *'het leven is soms oneerlijk'*. Met dit uitgangspunt in het achterhoofd raakt iemand minder snel van slag wanneer hij een bepaalde kans niet krijgt of tegenslag ondervindt.

Mensen met een lage frustratietolerantie zijn minder stabiel en kunnen op frustraties reageren met heftige negatieve gedachten, emoties en onhandig gedrag. Meestal hebben zij disfunctionele gedachten over zichzelf, de ander en de wereld. Die zijn onder andere te herkennen aan hun manier van spreken. Vaak gebruiken zij woorden die duiden op overdrijving zoals 'verschrikkelijk', 'een ramp' en 'afschuwelijk'. Ook kan de spreker blijven herhalen ergens niet tegen te kunnen. Voorbeelden hiervan zijn 'ik kan hier echt niet tegen', 'ze maken me gek' en 'je kunt me dan echt opvegen'. Door zo over situaties en zichzelf te blijven spreken, blijft echter een gevoel van onmacht bestaan. Dit leidt tot negatieve gevoelens als angst en boosheid. Ook leidt dit tot klaaggedrag. Meestal bedenken deze mensen geen slim gedragsplan om dingen aan te pakken. Dit alles leidt tot verstoring van sociale relaties, het uitstellen van taken en het niet bereiken van doelen.

## Verschillende aspecten van frustratietolerantie

Een adequate frustratietolerantie kenmerkt zich door verschillende zaken.

- **Omgaan met tegenslagen.** Iedereen heeft in meer of mindere mate te maken met tegenslagen. Denk bijvoorbeeld aan afgewezen worden voor een sollicitatie, langs de kant van de weg staan met autopech of een verregende vakantie. Dit zijn vaak omstandigheden waar niet altijd direct iets aan gedaan kan worden. Het is dan ook de kunst om uw humeur hierdoor niet te laten bepalen.
  *Disfunctionele gedachte:* 'dit had nooit mogen gebeuren' en 'het is oneerlijk dat ik zo veel pech heb'.
  *Realistische gedachte:* 'wat vervelend dat ik nu zo veel pech heb! Maar ja, ook ik kan pech hebben, en dan valt dit misschien nog wel mee ...'
  *Slim gedragsplan:* bekijken hoe de nare situatie opgelost kan worden en de tijd ondertussen zo prettig mogelijk doorbrengen.

- **Verdragen van onplezierige emoties.** Emoties als verdriet, boosheid en somberheid zijn soms onplezierig. Denk bijvoorbeeld aan verdriet na verlies, of boosheid als iemand u gekwetst heeft. Maar emoties horen ook bij het leven. Bovendien kunnen emoties een goede functie hebben. Angst kan er bijvoorbeeld voor zorgen dat mensen in gevaarlijke situaties op tijd op de vlucht slaan. Verdriet kan mededogen bij anderen oproepen en zorgen voor sociaal contact en steun. Sommige mensen vinden het echter heel moeilijk om te beseffen dat het niet mogelijk is om je altijd prettig te voelen en willen de negatieve emoties liever uit de weg gaan.
  *Disfunctionele gedachte:* 'ik voel me nu zo rot, ik kan dit echt niet aan.'
  *Realistische gedachte:* 'hoewel ik me nu diep ellendig voel, gaat ook dit nare gevoel eens voorbij' en 'dit gevoel is heel naar, maar ik kan dit wel verdragen. Het is gewoon een kwestie van volhouden.'
  *Slim gedragsplan:* deels deze gevoelens leren accepteren en deels bekijken welke mogelijkheden er zijn om het nare gevoel te verminderen. Bijvoorbeeld iets plezierigs gaan doen.

- **Verdragen van onplezierige lichamelijke sensaties.** Bij de ontwikkeling hoort het omgaan met verschillende lichamelijke sensaties zoals honger/dorst, vermoeidheid en onrust. Andere voorbeelden zijn het ervaren van lichamelijke ongemakken zoals pijn en jeuk. Sommige mensen zijn geneigd om dit soort sensaties zo veel mogelijk te vermijden. Zij kunnen chagrijnig worden wanneer ze honger hebben, zijn bang om pijn te lijden en hebben moeite om niet aan muggenbulten te krabben.
  *Disfunctionele gedachte:* 'dit gaat heel erg pijn doen, en pijn is verschrikkelijk.'
  *Realistische gedachte:* 'pijn is erg vervelend, maar het hoort er soms bij, en door er minder aandacht aan te schenken kan ik dit beter aan.'

*Slim gedragsplan: proberen jezelf moed in te praten en afleiding bedenken wanneer de pijn erger wordt.*

- **Realiseren dat voor succes inzet nodig is.** Een van de succesfactoren voor het bereiken van doelen is doorzettingsvermogen. Het is de kunst om gemotiveerd te blijven wanneer het moeilijk is. Vaak willen mensen echter wel een doel behalen, maar realiseren ze zich onvoldoende dat dit veel moeite kan kosten. Ze zijn dan geneigd af te haken en denken dat het niet mogelijk is om doelen te halen. Mensen die bedenken dat het bereiken van doelen bij wijze van spreken 'bloed, zweet en tranen' kost, raken minder van slag wanneer er hard gewerkt moet worden. Zij zijn beter in staat om door te zetten.
*Disfunctionele gedachte: 'dit zou mij gemakkelijk moeten afgaan, het kan niet de bedoeling zijn dat het zo moeilijk gaat.'*
*Realistische gedachte: 'het is logisch dat het bereiken van dit doel mij heel wat kost, anders zou ik dit al eerder gedaan hebben.'*
*Slim gedragsplan: bedenken welke strategieën en motiverende gedachten kunnen helpen om door te zetten.*

- **Gericht zijn op de lange termijn.** Onhandige keuzes kunnen op korte termijn erg bevredigend zijn, maar geven op lange termijn regelmatig problemen. Voor slimme keuzes geldt dit juist andersom. Mensen met een adequate frustratietolerantie zijn meestal gericht op de lange termijn. Hierdoor handelen zij eerst taken af voordat zij aan prettiger activiteiten beginnen. Mensen met een lage frustratietolerantie zijn meer gericht op directe behoeftebevrediging.
*Disfunctionele gedachte: 'ik heb hier nu even geen zin in, het komt een andere keer wel.'*
*Realistische gedachte: 'het maakt niet uit of ik wel of geen zin heb, deze taak moet gewoon gebeuren. Hierna kan ik dan doen waar ik wel zin in heb.'*
*Slim gedragsplan: bedenken wat het oplevert om eerst de vervelende taak af te handelen.*

- **Accepteren dat het leven niet maakbaar is.** Iedereen krijgt in zijn leven of omgeving te maken met situaties waarin geen oplossing voorhanden is en die niet beïnvloed kunnen worden. Dit wordt duidelijk bij onovercomelijke gebeurtenissen. Bijvoorbeeld als het niet lukt om ondanks verwoede pogingen een opleiding af te maken, als een dierbare ongeneeslijk ziek wordt of als een relatie stukgaat. Hoewel het zoeken naar oplossingen vaak een goede manier is om met problemen om te gaan, helpt dit niet wanneer er geen oplossing bestaat. In die situaties is het nodig te accepteren dat het leven anders loopt dan gewenst is.
*Disfunctionele gedachte: 'dit had mij niet mogen overkomen, zeker niet omdat ik al veel op mijn bordje heb gehad.'*
*Realistische gedachte: 'het is heel verdrietig dat het nu zo loopt, maar ik kan dat nu niet veranderen. Ik heb tijd nodig om hiermee om te gaan en deze situatie te verwerken. Helaas is het leven niet maakbaar.'*
*Slim gedragsplan: toegeven aan verdriet, steun en troost zoeken bij de omgeving of op een andere manier proberen de situatie te accepteren.*

## Uitwerking sessieoefening: aanpakken van een verlaagde frustratietolerantie

Geef de mate van uw frustratietolerantie aan op een schaal van 0 tot 10

(0 = zeer laag, 10 = zeer hoog): _____

Beschrijf hieronder een drietal situaties uit uw leven waarin u last had van een verlaagde frustratietolerantie. Geef bij elk voorbeeld aan om welk aspect van de frustratietolerantie het hier gaat. Beschrijf tevens de disfunctionele gedachte die een rol speelde.

|  | Situatie | Disfunctionele gedachte | Aspect* (1–6) |
|---|---|---|---|
| Voorbeeld | Huiswerkopdracht zien | 'Bah, daar ben ik lang mee bezig!' | 4 |
| Situatie 1 | | | |
| Situatie 2 | | | |
| Situatie 3 | | | |

*Aspecten van frustratietolerantie: 1) omgaan met tegenslagen, 2) verdragen van onplezierige emoties, 3) verdragen van onplezierige lichamelijke sensaties, 4) realiseren dat inzet nodig is voor succes, 5) gericht zijn op de lange termijn en 6) accepteren dat het leven niet maakbaar is

Situatie van de lage frustratietolerantie waarmee u aan de slag gaat:

Gebeurtenis: _____

Disfunctionele gedachte: _____

_____

Gedragsneiging: _____

Gevolg: _____

# SESSIE 11. VERBETEREN VAN DE FRUSTRATIETOLERANTIE

Realistische gedachte: _____

_____

Slim gedragsplan: _____

Uitvoering en effect: _____

_____

## Huiswerkopdrachten sessie 11

### Opdracht 1 – uitvoering van de sessieoefening

Tijdens de sessieoefening hebt u een G-schema ingevuld om één aspect van een lage frustratietolerantie aan te pakken. Dit plan staat beschreven bij de uitwerking van de sessieoefening. U hebt de opdracht gekregen het slimme gedragsplan uit te voeren. Beschrijf hoe het u gelukt is dit gedragsplan in de praktijk toe te passen en wat het effect hiervan is.

> *Voorbeeld:*
> *Lage frustratietolerantie waarmee aan de slag is gegaan: moeite hebben met tegenslagen zoals planten die niet willen groeien.*
> *Disfunctionele gedachte: 'dit is nu al de derde plant die doodgaat, wat een pech!'*
> *Realistische gedachte: 'tja, planten gaan nou eenmaal dood als je ze niet verzorgt. Dat is niet echt pech, maar gewoon het gevolg van geen water geven.'*
> *Slim gedragsplan: planten kopen die er beter tegen kunnen om langere tijd geen water te krijgen of een plan maken om niet meer te vergeten de planten water te geven.*
> *Uitvoering: bij de tuinwinkel een systeem gekocht dat ervoor zorgt dat planten gedoseerd water krijgen, ook als dit maar eens per maand gegeven wordt.*
> *Effect: dat zal ik over een maand of twee weten.*

Uitvoering van de sessieoefening: _____

_____

_____

_____

Effect: _____

_____

### Opdracht 2 – G-schema invullen

Bekijk de G-schema's van bijlage 11.1 van dit werkboek. Vul zelf een of twee G-schema's in van situaties met betrekking tot frustratietolerantie die u de afgelopen periode hebt meegemaakt. Kies hierbij een ander aspect van de frustratietolerantie dan dat wat in de sessieoefening aan bod gekomen is.
Uitvoering:

Gebeurtenis: _____

Disfunctionele gedachte: _____

_____

Gedragsneiging: _____

Gevolg: _____

Realistische gedachte: _____

_____

Slim gedragsplan: _____

Uitvoering en effect: _____

_____


Gebeurtenis: _____

Disfunctionele gedachte: _____

_____

Gedragsneiging: _____

Gevolg: _____

Realistische gedachte: _____

_____

Slim gedragsplan: _____

Uitvoering en effect: _____

_____

### Opdracht 2 – G-schema invullen

Bekijk de G-schema's van bijlage 11.1 van dit werkboek. Vul zelf een of twee G-schema's in van situaties met betrekking tot frustratietolerantie die u de afgelopen periode hebt meegemaakt. Kies hierbij een ander aspect van de frustratietolerantie dan dat wat in de sessieoefening aan bod gekomen is.

## Bijlage 11.1. Voorbeelden G-schema's rondom frustratietolerantie

### Voorbeeld omgaan met tegenslagen

**Gebeurtenis:** u hebt via internet een cadeau voor een vriend besteld, maar helaas komt het artikel in de verkeerde kleur binnen, en er is geen tijd meer om het te retourneren.
**Disfunctionele gedachte:** *'ik heb zo mijn best gedaan om dit op tijd binnen te hebben; dit had niet mogen gebeuren.'*
**Gedrag:** boos de klantenservice bellen.
**Gevolg:** ruzie met de telefoniste, en het cadeau is alsnog niet op tijd binnen.
**Realistische gedachte:** *'het is balen dat ik het cadeau niet in de juiste kleur in huis heb, terwijl ik er alles aan gedaan heb om het op tijd te krijgen. Soms gaan dingen echter mis, ook als mensen hun best doen. Daar is niets aan te doen; ik kan daar beter gewoon meer rekening mee houden.'*
**Slim gedragsplan:** alvast een retourticket aanmaken. Het cadeau alsnog geven en overleggen met de jarige wat hij wil. De volgende keer zorgen voor een extra week speling.
**Uitvoering en effect:** de jarige vond de kleur onverwachts leuk en heeft het zo gehouden.

### Voorbeeld verdragen van onplezierige emoties

**Gebeurtenis:** relatie die uitgaat met als gevolg liefdesverdriet
**Disfunctionele gedachte:** *'het had samen zo mooi kunnen zijn, maar in plaats daarvan heeft het leven nu zijn glans verloren.'*
**Gedrag:** blijven huilen in bed / op de bank.
**Gevolg:** nergens meer van kunnen genieten.
**Realistische gedachte:** *'het is ontzettend balen om liefdesverdriet te ervaren en te merken dat je daardoor minder van het leven kunt genieten. Ik kan nu echter niets anders doen dan door dit vervelende gevoel heen gaan.'*
**Slim gedragsplan:** ondanks het verdriet leuke activiteiten inplannen.
**Uitvoering en effect:** de deur uit geweest om ergens te wandelen en een kopje koffie te drinken. Hierdoor aan het einde van de dag minder verdrietig.

### Voorbeeld verdragen van onplezierige lichamelijke sensaties

**Gebeurtenis:** hoofdpijn hebben.
**Disfunctionele gedachte:** *'dit is zo rot; ik kan nu niets meer.'*
**Gedrag:** op de bank gaan/blijven liggen.
**Gevolg:** achterlopen met taken of leuke activiteiten missen.
**Realistische gedachte:** *'hoofdpijn is vervelend. Het is logisch dat dingen hierdoor minder goed gaan. Dit wil echter niet zeggen dat ik nu helemaal niets kan. Ik kan dingen ook gewoon in een wat rustiger tempo aanpakken.'*

**Slim gedragsplan:** bekijken hoe de dagplanning eruitziet en deze in aangepaste vorm uitvoeren. Eventueel een pijnstiller innemen.
**Uitvoering en effect:** het lukte niet om te werken achter de computer, maar ik heb wel wat huishoudelijke taken kunnen doen in een rustiger tempo. Dit leidde mij ook af van de hoofdpijn.

### Voorbeeld realiseren dat voor succes inzet nodig is

**Gebeurtenis:** een nieuwe baan willen, maar moeite hebben met sollicitatiebrieven schrijven.
**Disfunctionele gedachte:** *'het zou niet moeten dat ik zo veel tijd kwijt ben aan het schrijven van sollicitatiebrieven, terwijl de kans dat ik op gesprek uitgenodigd wordt heel klein is.'*
**Gedrag:** het solliciteren uitstellen.
**Gevolg:** steeds meer balen van de huidige baan.
**Realistische gedachte:** *'het is ook balen om je te realiseren dat je zo veel tijd in het solliciteren stopt, terwijl dit in de meeste gevallen niets oplevert. Dit hoort er echter nou eenmaal bij. Het verschil tussen mensen die wel een nieuwe baan krijgen en mensen die die niet krijgen is dat de eerste groep het niet opgegeven heeft. Een nieuwe baan komt je nou eenmaal niet aanwaaien; ik zal er iets voor moeten doen.'*
**Slim gedragsplan:** het solliciteren inplannen. Vervolgens anderen vragen om feedback op de brieven. Daarnaast bekijken wat de kans verhoogt om een baan te krijgen, bijvoorbeeld het volgen van een extra cursus.
**Uitvoering en effect:** veel tijd kwijt zijn aan het vragen van feedback, maar daarna wel goede brieven gemaakt. Daarnaast blijkt dat het schrijven van een brief na een aantal pogingen veel gemakkelijker te gaan.

### Voorbeeld gericht zijn op de lange termijn

**Gebeurtenis:** op zaterdag de to-dolijst zien.
**Disfunctionele gedachte:** *'vrije tijd is om van te genieten en dingen te doen die je leuk vindt in plaats van klusjes te doen.'*
**Gedrag:** gaan bingekijken.
**Gevolg:** taken blijven liggen.
**Realistische gedachte:** *'het is inderdaad zo dat dit mijn vrije tijd is. Als ik mijn vrije tijd echter alleen maar gebruik om leuke dingen te doen, dan blijven al mijn taken liggen. De term vrije tijd is dan ook onjuist gekozen. Het gaat hier meer om 'tijd buiten werktijd'. Het betekent niet dat ik alleen maar leuke dingen kan doen.'*
**Slim gedragsplan:** een overzicht maken van taken die moeten gebeuren en deze inplannen. Daarnaast dagelijks een vast moment inplannen voor ontspanning.
**Uitvoering en effect:** in de morgen taken uitgevoerd, in de middag en avond ontspannende activiteiten gedaan. Hierdoor een positief gevoel na het weekend.

### Voorbeeld accepteren dat het leven niet maakbaar is

**Gebeurtenis:** een ziekte krijgen.
**Disfunctionele gedachte:** 'ik heb zo hard aan mijn cv gewerkt om deze baan te krijgen en nu wordt alles verpest door ziekte.'
**Gedrag:** frustraties uiten tegenover de omgeving.
**Gevolg:** in een negatieve spiraal terechtkomen.
**Realistische gedachte:** *'het is erg frustrerend dat ik nu uitval door ziekte nadat ik zo hard gewerkt heb om deze baan te krijgen. Maar helaas is het in het leven zo dat er plotseling iets kan gebeuren wat het hele plan ondermijnt, zoals dit. Ik zal dit voor nu moeten accepteren en me richten op mijn herstel.'*
**Slim gedragsplan:** bedenken wat kan helpen om de komende tijd door te komen.
**Uitvoering en effect:** ik was minder gefrustreerd na het bedenken van de realistische gedachte.

# Sessie 12.
# Gebruik van medicatie bij ADHD

> **Agenda sessie 12**
> - Inleiding
> - Huiswerkbespreking
> - Themabespreking: gebruik van medicatie bij ADHD
> - Sessieoefening: disfunctionele gedachten rondom medicatie of het opstellen van een registratieschema
> - Huiswerkopdrachten

## Inleiding

In deze sessie staat het gebruik van medicatie bij ADHD centraal. Medicatie kan nodig zijn wanneer de ADHD-symptomen te veel op de voorgrond blijven staan en het moeilijk is de adviezen uit dit behandelprotocol toe te passen. Waar het voor de één nodig kan zijn om dagelijks medicatie te gebruiken, zetten anderen dit alleen in specifieke situaties in. Om te weten wat medicatie kan doen en welk middel het beste bij u past, wordt in deze sessie informatie gegeven over medicatie bij ADHD. Indien u medicatie gaat gebruiken, kunt u tijdens de sessieoefening een registratieschema opstellen om erachter te komen wat de effecten en bijwerkingen van de medicatie zijn. Een voorbeeld hiervan vindt u in bijlage 12.1 en 12.2. Dit schema kan worden voorgelegd aan de voorschrijvend arts. Op die manier kan besloten worden of de medicatie, dosering of frequentie aangepast moet worden.

Wanneer u nog twijfelt over het gebruik van medicatie, kan deze sessie inzicht geven. De informatie bij de themabespreking kan helpen om een keuze te maken. U zet tijdens de sessieoefening dan de voor- en nadelen van het gebruik van medicatie op een rij. Ook kijkt u naar disfunctionele gedachten rondom het gebruik van medicatie. Deze kunnen veranderd worden in realistische gedachten.

## Themabespreking sessie 12: gebruik van medicatie bij ADHD

- **Eerstekeusmiddel: stimulantia.** Het eerstekeusmiddel bij ADHD is een stimulerend middel. Hier vallen methylfenidaat en (lis)dexamfetamine onder. Deze middelen stimuleren de gebieden in de hersenen die zorgen voor het selecteren van prikkels. Dit leidt tot een betere selectie van prikkels. Hierdoor wordt overprikkeling verminderd of voorkomen. De concentratie verbetert en de hyperactiviteit en impulsiviteit nemen af. Welke dosering iemand met ADHD nodig heeft, verschilt sterk per persoon. Dit is onafhankelijk van het gewicht of de ernst van de ADHD. Stimulantia hebben een individuele optimale dosering. Dit betekent dat een hogere dosering op een gegeven moment een tegengesteld effect geeft, waardoor er juist meer ADHD-symptomen optreden. Stimulerende middelen werken maar tijdelijk. Afhankelijk van het soort middel is de duur van de werkzaamheid drie tot tien uur. Het tijdelijke effect kan een voordeel zijn: op die manier kan medicatie gebruikt worden wanneer die nodig is. De bekendste bijwerkingen van stimulantia zijn vermindering van de eetlust, inslaapproblemen, hoofdpijn en een droge mond. Meestal zijn deze bijwerkingen tijdelijk of kunnen deze gecompenseerd worden op momenten dat er geen medicatie wordt gebruikt. Tijdens de uitwerkfase van de medicatie kan iemand last krijgen van een tijdelijke toename van ADHD-symptomen. Dit wordt het reboundeffect genoemd. Hier kunt u rekening mee houden door medicatie op een eerder of later tijdstip in te nemen. Ook helpt het om de dosis van de medicatie gedurende de dag af te bouwen wanneer u meerdere doseringen inneemt. Ten slotte is het belangrijk dat u zich tijdens het uitwerken van de medicatie in een prikkelarme situatie bevindt.

- **Starten met stimulantia.** Stimulantia moeten worden voorgeschreven door een arts die hier ervaring mee heeft. Meestal is dat een psychiater of huisarts. U kunt met medicatie beginnen wanneer u te veel last hebt van de ADHD en de gegeven adviezen niet meer helpen. In sommige gevallen zijn stimulantia niet het eerstekeusmiddel. Dit is bijvoorbeeld het geval bij mensen die een verleden hebben met verslavingen of ernstige depressies. Ook in het geval van hart- en vaatziekten kan de arts kiezen voor een ander middel.

Starten met stimulantia kan het beste op een rustige dag gebeuren. Het helpt om een registratieschema in te vullen waarin de dosering, de tijden van inname, de effecten en de bijwerkingen worden bijgehouden. De voorschrijvend arts kan aan de hand hiervan de tijden, frequentie en hoogte van de doseringen aanpassen.

## Uitwerking sessieoefening: disfunctionele gedachten rondom medicatie of het opstellen van een registratieschema

Vul onderstaand schema in over de mogelijke voor- en nadelen van medicatie. Er zijn al twee voorbeelden gegeven.

| Voordelen | Nadelen |
| --- | --- |
| Misschien lukt het me beter te concentreren en kan ik taken beter afronden. | Grote kans dat ik medicatie vergeet in te nemen. |
| Er zijn mensen die zeggen 'dit had ik veel eerder moeten nemen'. | Het uitzoeken van het juiste middel en dosis kost tijd en energie. |
|  |  |
|  |  |
|  |  |
|  |  |
|  |  |

Schrijf op welke disfunctionele gedachten er rondom medicatie spelen. Bedenk voor elke disfunctionele gedachte een realistische gedachte.

> *Voorbeelden*
> - *Disfunctionele gedachte:* 'ik moet het zonder medicatie kunnen redden.'
>   *Realistische gedachte:* 'misschien dat medicatie mij op bepaalde tijdstippen helpt om energie te besparen en efficiënter te werken waardoor ik op andere tijdstippen juist zonder kan.'
> - *Disfunctionele gedachte:* 'als ik eenmaal medicatie heb, kan ik nooit meer zonder.'
>   *Realistische gedachte:* 'medicatie is afhankelijk van de situatie. Dat medicatie mij in deze levensfase kan helpen, wil niet zeggen dat ik altijd medicatie nodig heb. Wanneer ik bijvoorbeeld een andere baan / een ander huis heb of in een andere situatie zit, kan het zijn dat ik het prima zonder medicatie afkan.'

Disfunctionele gedachte: _____

Realistische gedachte: _____

Disfunctionele gedachte: _____

Realistische gedachte: _____

Disfunctionele gedachte: _____

Realistische gedachte: _____

Schrijf hieronder op wat u nodig hebt om een keuze te kunnen maken over medicatie. Bedenk een slim plan om dit uit te voeren.

_____
_____
_____
_____

## Huiswerkopdrachten sessie 12

### Opdracht 1 – disfunctionele gedachten rondom medicatie veranderen

Tijdens de sessieoefening zijn er disfunctionele gedachten over medicatie vervangen door realistische gedachten. Bedenk welke disfunctionele gedachte rondom medicatie bij u momenteel (nog) aanwezig is. Vervang deze door een realistisch gedachte.

> *Voorbeelden:*
> - *Disfunctionele gedachte: 'wanneer ik medicatie ga proberen zit ik hier de komende maanden aan vast.' Realistische gedachte: 'ik kan altijd weer de keuze maken om ermee te stoppen, ook als dat na een week is.'*
> - *Disfunctionele gedachte: 'het zal me nooit lukken om van medicatie af te komen.' Realistische gedachte: 'hoewel het nu misschien lastig is om van medicatie af te komen, hoeft dat niet te betekenen dat ik er altijd aan vast blijf zitten. Je weet immers nooit hoe het leven loopt.'*

Uitwerking:

Disfunctionele gedachte: _____

_____

Realistische gedachte: _____

_____

### Extra opdracht

Schrijf hier op wat u in de laatste sessie nog wilt bespreken.

_____
_____
_____
_____
_____
_____
_____
_____
_____
_____
_____
_____
_____
_____
_____
_____
_____
_____
_____
_____
_____

## Bijlage 12.1. Format registratieschema medicatie bij ADHD

Naam medicatie en dosering in milligrammen: _____

Frequentie en tijden van inname per dag: _____

| Datum / dag | Effect van medicatie op een schaal van 0 tot 5 (0 = zeer slecht/veel, 1 = slecht/veel, 2 = matig, 3 = redelijk, 4 = goed/weinig, 5 = zeer goed/weinig) | | | | Ervaren bijwerkingen |
|---|---|---|---|---|---|
| Tijd / dosis | Concentratie | Onrust | Impulsiviteit | Overig | |
| 0–60 min na inname | | | | | |
| 1–2 uur na inname | | | | | |
| 2–3 uur na inname | | | | | |
| 3–4 uur na inname | | | | | |
| 4–5 uur na inname | | | | | |
| Vermoedelijke tijd en symptomen rebound | | | | | |
| Bijzonderheden | | | | | |
| Conclusie | Werkt na | Duur | | Effect | Belangrijk |

## Bijlage 12.2. Voorbeeld registratieschema medicatie bij ADHD

Naam medicatie en dosering in milligrammen: *kortwerkend methylfenidaat 5mg*

Frequentie en tijden van inname per dag: *tweemaal per dag om 07:00 uur en 12:00 uur*

| Datum / dag | Effect van medicatie op een schaal van 0 tot 5 (0 = zeer slecht/veel, 1 = slecht/veel, 2 = matig, 3 = redelijk, 4 = goed/weinig, 5 = zeer goed/weinig) | | | | Ervaren bijwerkingen |
|---|---|---|---|---|---|
| Tijd / dosis 07:00 uur 5mg | Concentratie | Onrust | Impulsiviteit | Overig | |
| 0–60 min na inname | 2 | 2 | 1 | – | Na 30 min. enige hartkloppingen en koude handen |
| 1–2 uur na inname | 3 | 4 | 5 | Tijdsbesef leek beter te zijn | Geen bijzonderheden |
| 2–3 uur na inname | 3 | 3 | 4 | Idee dat ik vaker naar toilet ging | |
| 3–4 uur na inname | 2 | 3 | 3 | | Geen trek in tussendoortje |
| 4–5 uur na inname | 2 | 2 | 2 | | Lichte hoofdpijn |
| Vermoedelijke tijd en symptomen rebound | Niet echt veel last van rebound, misschien me iets gestoord aan geluiden van buiten (maar was ook een herrie) | | | | |
| Bijzonderheden | Geen | | | | |
| Conclusie | **Werkt na** 30 min | **Duur** Vermoedelijk 3 uur, tweede dosis eerder innemen? | **Effect** Lichte mate, hogere dosis mogelijk? | **Belangrijk** Kans op rebound, laatste dosis mogelijk lager? | |

# Sessie 13. Terugvalpreventie

**Agenda sessie 13**
- Inleiding
- Huiswerkbespreking
- Themabespreking: het belang van een terugvalpreventieplan
- Sessieoefening: evaluatie van de behandeling en het maken van een terugvalpreventieplan
- Huiswerkopdrachten

## Inleiding

Met sessie 13 wordt het behandelprotocol 'cognitieve en gedragstherapie bij volwassenen met AD(H)D' afgesloten. In deze afsluitende sessie wordt teruggekeken op de sessies die u gevolgd hebt en wordt de tijd genomen om hier en daar nog wat te herhalen. Ook wordt gekeken naar de vaardigheden die u zich gedurende de behandeling eigen hebt gemaakt en wordt besproken waar eventueel nog werkpunten liggen. Bijlage 13.1 van dit werkboek geeft een overzicht van alle doelen die in deze behandeling gesteld zijn. Ook is er in deze sessie aandacht voor het voorkómen van terugval in de toekomst. Tijdens de sessieoefening wordt hiervoor een terugvalpreventieplan gemaakt. Ten slotte vraagt de therapeut u ook hoe u de interactie heeft ervaren en in hoeverre u tijdens de behandeling last had van uw ADHD. Tevens is er ruimte voor uw eigen vragen.

## Themabespreking sessie 13: het belang van een terugvalpreventieplan

Een terugvalpreventieplan is een plan dat u erbij kunt pakken wanneer terugval dreigt. In dit plan wordt als eerste beschreven welke situaties ervoor kunnen zorgen dat er een risico op terugval ontstaat. Vaak is iemand extra gevoelig voor terugval in specifieke situaties, bijvoorbeeld wanneer er structuur ontbreekt of wanneer iemand een tijd niet goed geslapen heeft. Vervolgens wordt beschreven welke signalen kunnen duiden op terugval. Ten slotte wordt bekeken wat nodig is om ervoor te zorgen dat u niet terugvalt en wat u hieraan kunt doen en wat u juist niet moet doen. Ook anderen kunnen mogelijk helpen om de kans op terugval te verkleinen. Het is dan ook zinvol dit plan te delen met betrokken naasten, zodat zij kunnen helpen om terugval te voorkomen. Ten slotte is het terugvalpreventieplan bedoeld om ervoor te zorgen dat u de vaardigheden die aan bod gekomen zijn in de praktijk blijft toepassen. Ga tijdens het invullen van het plan dan ook vooral na welke vaardigheden u hebt geleerd. Het overzicht in bijlage 13.1 kan u hierbij helpen. In bijlage 13.2 staat een voorbeeld van een terugvalpreventieplan. In bijlage 13.3 kunt u uw eigen terugvalpreventieplan invullen.

## Afsluitend woord van de auteur

Proficiat! U hebt het behandelprotocol 'cognitieve en gedragstherapie voor volwassenen met AD(H)D' doorlopen. Dit betekent onder andere dat er de komende tijd geen huiswerk meer op het programma staat. Ik hoop dat u veel geleerd hebt van de behandeling en hierdoor meer grip op uw ADHD hebt gekregen. Hoewel u uw leven lang last zult houden van ADHD-symptomen, hoop ik dat u inmiddels in staat bent om keuzes te maken die ervoor zorgen dat deze last zo klein mogelijk wordt. Ook hoop ik dat ik heb kunnen overbrengen dat mensen met ADHD ontzettend leuke, creatieve, energieke en interessante mensen zijn, die doordat ze 'net wat anders' zijn het leven dynamischer maken. Ik kan het niet laten u aan te sporen de komende maanden bezig te blijven met opdrachten uit dit werkboek. Bedenk dat het blijvend aanleren van nieuwe vaardigheden enkele maanden tijd nodig heeft. Er zullen sowieso regelmatig momenten zijn dat u (tijdelijk) terugvalt in oud gedrag. Dat is niet erg: u kunt er elk moment weer voor kiezen om nieuw gedrag te vertonen. Zorg ervoor dat u disfunctionele gedachten opspoort en vervangt door realistische gedachten. Hierna kunt u een slim gedragsplan maken. Op die manier kunt u zaken waar u tegenaan loopt stap voor stap aanpakken. Ik wens u veel goeds voor de toekomst!

## Uitwerking sessieoefening: evaluatie van de behandeling en het maken van een terugvalpreventieplan

Beschrijf hier de drie grootste veranderingen die u hebt doorgemaakt door deze behandeling te volgen:

1) _____

2) _____

3) _____

Beschrijf hier de drie belangrijkste werkpunten waar u nog verder mee aan de slag wilt gaan:

1) _____

2) _____

3) _____

## Bijlage 13.1. Leerpunten van het behandelprotocol 'cognitieve en gedragstherapie bij volwassenen met AD(H)D'

- Inzicht in het ADHD-model met de drie kernsymptomen en bijbehorende symptomen
- Inzicht in de positieve kenmerken van ADHD
- Herkennen en signaleren van overprikkeling in gedachten, emoties, lichamelijke reacties, gedrag en uit de gevolgen van gedrag middels de prikkelindicator
- Verminderen van diverse prikkels en hiermee voorkomen van overprikkeling
- Verminderen van overprikkeling
- Inzicht in gedragsveranderingen en succesfactoren op dit gebied identificeren
- Problemen rondom gedragsverandering kunnen koppelen aan ADHD
- Een realistische zelfinschatting en een slim gedragsplan op dit gebied kunnen maken,
  *namelijk adequate inschatting van eigen concentratievaardigheden, geheugen, taakuitvoering, nauwkeurigheid en controle over eigen gedrag*
- Een realistische tijdsinschatting en een slim gedragsplan op dit gebied kunnen maken,
  *namelijk voldoende stilstaan bij tijdsinschatting, de hele taak inplannen, voldoende afbakening van taken, rekening houden met tegenslagen en inplannen van wachttijd*
- Een realistische taakinschatting en een slim gedragsplan op dit gebied kunnen maken,
  *namelijk taken zinvol, klein, overzichtelijk en concreet maken door deze onder andere in stappen op te delen en te zorgen voor optimale omstandigheden. Daarnaast uzelf ook kunnen motiveren als deze zaken niet van toepassing zijn*
- Vaardigheden als opruimen, ordenen en organiseren voldoende goed kunnen toepassen,
  *hierbij hoort ook het op orde hebben van de spullen*
- Herkennen en signaleren van impulsief gedrag en dit verminderen
- Het signaleren en herkennen van een lage frustratietolerantie en deze verbeteren middels inzet van realistische gedachten,
  *namelijk onder andere realiseren dat tegenslagen en onplezierige emoties en lichamelijke sensaties bij het leven horen, dat voor succes inzet nodig is en dat het leven niet maakbaar is*
- Inzicht in de verschillende soorten, effecten en bijwerkingen van stimulantia bij ADHD
- Het kunnen toepassen van het opgestelde terugvalpreventieplan

## Bijlage 13.2. Format terugvalpreventieplan

| TERUGVALPREVENTIEPLAN | | |
|---|---|---|
| Situaties waarin ik gevoelig ben voor terugval | | |
| | | |
| Signalen waaraan ik kan merken dat ik terugval | | |
| | | |
| Slim gedrag om terugval te voorkomen | | |
| *Wat vooral wel doen* | *Wat vooral niet doen* | *Hoe anderen kunnen helpen* |
| | | |

## Bijlage 13.3. Voorbeeld terugvalpreventieplan

| TERUGVALPREVENTIEPLAN |
|---|
| **Situaties waarin ik gevoelig ben voor terugval** |
| Wanneer ik een week lang slecht geslapen heb, bijvoorbeeld minder dan 5 uur per nacht<br>Drukke periodes, bijvoorbeeld rondom de feestdagen<br>Wanneer ik door omstandigheden uit mijn vaste structuur ben |
| **Signalen waaraan ik kan merken dat ik terugval** |
| Wanneer ik weer meer last krijg van concentratieproblemen en motorische onrust (plukken, friemelen)<br>Wanneer ik meermaals te laat kom op afspraken<br>Wanneer ik merk dat mijn planning uitloopt en ik tot diep in de nacht bezig ben om taken af te ronden |

| Slim gedrag om terugval te voorkomen | | |
|---|---|---|
| *Wat vooral wel doen* | *Wat vooral niet doen* | *Hoe anderen kunnen helpen* |
| Blijven sporten<br>Op tijd naar bed gaan<br>Vrije middag opnemen<br>Prikkels verminderen<br>De prikkelindicator erbij pakken | Nog meer afspraken maken<br>Kortetermijndenken | Helpen om prioriteiten te stellen<br>Helpen om een vaste structuur vast te houden<br>Prikkels verminderen in de communicatie<br>Stimuleren om taken af te ronden<br>Herinneren aan dit terugvalpreventieplan |

## Ruimte voor aantekeningen

## Ruimte voor aantekeningen

MIX
Papier aus verantwortungsvollen Quellen
Paper from responsible sources
FSC® C105338

If you have any concerns about our products,
you can contact us on
**ProductSafety@springernature.com**

In case Publisher is established outside the EU,
the EU authorized representative is:
**Springer Nature Customer Service Center GmbH
Europaplatz 3, 69115 Heidelberg, Germany**

Printed by Libri Plureos GmbH
in Hamburg, Germany